U0939085

COMMERCIAL BANKS

中国商业银行监事会制度有效性研究

ZhongGuo ShangYe YinHang
JianShiHui ZhiDu YouXiaoXing YanJiu

基于公司治理结构优化的视角

马承宇◎著

中国金融出版社

责任编辑：戴　硕　肖　炜
责任校对：刘　明
责任印制：陈晓川

图书在版编目（CIP）数据

中国商业银行监事会制度有效性研究——基于公司治理结构优化的视角（Zhongguo Shangye Yinhang Jianshihui Zhidu Youxiaoxing Yanjiu：Jiyu Gongsi Zhili Jiegou Youhua de Shijiao）/马承宇著．—北京：中国金融出版社，2013. 5
ISBN 978－7－5049－6782－4

Ⅰ.①中…　Ⅱ.①马…　Ⅲ.①商业银行—监事会—研究—中国
Ⅳ.①F832.33

中国版本图书馆 CIP 数据核字（2013）第 031854 号

出版
发行　中国金融出版社

社址　北京市丰台区益泽路 2 号
市场开发部　（010）63266347，63805472，63439533（传真）
网 上 书 店　http://www.chinafph.com
（010）63286832，63365686（传真）
读者服务部　（010）66070833，62568380
邮编　100071
经销　新华书店
印刷　利兴印刷有限公司
尺寸　169 毫米×239 毫米
印张　14.75
字数　183 千
版次　2013 年 5 月第 1 版
印次　2013 年 5 月第 1 次印刷
定价　30.00 元
ISBN 978－7－5049－6782－4/F.6342
如出现印装错误本社负责调换　联系电话(010)63263947

前　言

商业银行在一国金融体系中居于重要的地位，是社会经济运转的枢纽。从20世纪90年代的东南亚危机到始于2007年的国际金融危机已经多次证明，良好的、不断优化的公司治理结构是商业银行可持续发展与稳健经营最重要的制度保证，对于防范风险、保证银行整体经营效益具有决定性的影响与作用。

中国商业银行经历了30多年不断探索、不断深化的改革历程，在股份制改造完成，成为上市商业银行后，如今也走到了公司治理结构需要进一步优化、完善和创新的关键路口。监事会制度作为中国商业银行公司治理结构的重要组成部分，内部监督控制制度的安排形式，其有效性如何，能否在我国银行业公司治理进程中发挥出应有的作用，对于提高中国商业银行的核心竞争力，优化公司治理结构，降低经营风险都有着重要的影响。

与重要性认知相矛盾的是，在现阶段中国商业银行公司治理结构的实际运转中，监事会制度的有效性还不明显，并没有发挥出制度设计中的理想效果，制度有效性反而存在弱化、失效等问题。究其原因，在于理论上对银行业监事会制度研究的严重滞后性难以对不断发展变化的中国商业银行公司治理实践提供有针对性的、强有力的指导。相对于商业银行公司治理结构其他部分的研究，如董事会制度、股东大会等，较少有人涉足监事会制度领域，相关研究基础薄弱，已有的研究中研究内容狭窄，对现状分析多，实证研究少；研究角度方法单一，对法律规定研究多，从经济、银行管理角度研究少，尚没有完全形成对中国商业银行监事会制度具有指导意义的理论体系。

基于此，本书从商业银行经营的特殊性出发，充分考虑了中国商业银行公司治理结构的实际，科学借鉴了国外商业银行公司治理结构的典型模式，从理论上廓清了监事会制度在商业银行公司治理结构体系中的定位与作用，系统研究和实证检验了现行监事会制度有效性的缺陷与不足，积极探索发挥监事会制度有效性的理想模式与履职手段，进一步完善创新监事会制度理论体系，这对于现阶段中国商业银行公司治理走出“形似神不似”的尴尬困境，推动公司治理结构进一步优化，提升中国商业银行内部监督控制水平无疑将有着重要的理论价值和深刻的实践意义。

由于商业银行公司治理结构研究是中国乃至其他许多国家金融改革与发展的前沿问题，特别是治理结构中内部监督控制制度的安排与实现，更是涉及一国的政治、经济和法律等各个方面，由于本人水平有限，书中缺点、不足甚至错误都在所难免，恳请广大读者提出批评和意见。

作者

2013 年 1 月

目 录

图表索引

导 论

1. 问题的提出与研究意义

金融是现代经济的核心，商业银行作为具有特殊行业性质的企业，在金融体系中居于主导地位，是社会经济运转的核心。自20世纪90年代的东南亚危机以来，到始于2007年的国际金融危机多次证明，商业银行自身的公司治理问题，不仅关系到本国的经济发展与政治稳定，而且对其他许多国家经济的发展都产生着重要的影响。现代商业银行管理经验与实践证明：良好的、不断优化的公司治理结构是商业银行可持续发展与稳健经营的制度保证，对于防范风险、保证银行整体经营效益具有决定性的影响和作用。

商业银行在我国金融体系中处于绝对的优势地位，占据了绝大部分的金融市场份额，其公司治理水平不仅关系到银行自身的业务经营与风险控制，而且决定着整个社会资源的配置结构与效率，影响着国民经济的发展与安全。

中国商业银行经历了30多年不断探索、不断深化的改革历程，在股份制改革完成，成为上市商业银行后，如今也走到了公司治理结构需要进一步优化、完善和创新的关键路口。国有商业银行经历了体制变革的阵痛，通过公司化、注资股份制改造、公开上市的改革之路，全部转成股份制银行，初步建立了公司法人治理结构，步入了一个新的发展时期。与此同时，一些全国及区域性的股份制商业银行和地方性城市商业银行参照国有商业银行的改革步骤与公司治理标准，也相继开始了引入境外战略投资者、股权重组、境内外公开上市等改革。目前中国商业银行公司治理结构已经运转一段时期，虽然取得了很大的成绩，但从现阶段实际运转状态来看，当前公司治理的主要矛盾是最根本的公司治理制衡机制尚未形成，正处于反思总结和继续完善优化的关键时刻。因此，在当前股权结构、治理状态下，在总结实践运行经验的基础上，需要进一步优化中国商业银行的公司治理结构，将公司治理水平引向深入。①

相对于一般企业而言，商业银行是具有特殊性质的企业，这种特殊性不仅来源于银行的业务经营与管理，而且还来源于股东与债权人以及其他利益相关者之间权益的保护与冲突。因此，商业银行的公司治理首先表现为一种结构形式，是针对银行业务经营管理活动而进行的系列制衡约束性的制度安排，在这种结构下通过划分银行内部公司治理结构，明确股东、股东代表、监督代表、行长管理层和其他利益相关人之间权力与责任的分配，达到约束与权力制衡的目的；其次商业银行所固有的行业特性使得公司治理制衡结构间的委托—代理关系更加复杂化，涉及更加广泛的利益相关者，这就要求在公司治理结构中必须将履行监督与控制职能的内部监控制度放在更加重要的位置加以考虑，需要对内部监控权限行使的有效性作出全面系统的制度设计、选择与安排，并通过这项制度有效性的发挥实现对银行内部实际控制人、业务经营与相关者利益保障等方面的监督与控制。

商业银行公司治理结构优化的实质就是构建出一种有效的权利、责任以及利益之间相互制约的机制，由此提高所有者对代理者有效

① 唐双宁：《上市银行需“神”“形”兼备》，载《中华工商时报》，2006－11－27。《银监会官员：上市银行治理仍需不断完善》，载《中国证券报》，2007－06－06。

监督的可能性，同时降低监督成本，激励各方面的积极性，高效有序地解决治理结构内部各方面要素的效率问题。因此，监事会制度作为中国商业银行公司治理结构的重要组成部分，内部监控制度的安排形式，其有效性如何，能否在我国银行业公司治理进程中发挥出应有的作用，这些对于提高中国商业银行的核心竞争力，优化公司治理结构，降低银行经营风险都有着重要影响。

与监事会制度重要性认知相矛盾的是，现阶段中国商业银行公司治理结构的实际运转状态却表明监事会制度的有效性还不明显，并没有发挥制度设计中的理想效果，制度有效性反而存在弱化、失效等问题。究其原因，在于理论上对银行业监事会制度研究的严重滞后性难以对不断发展变化的中国商业银行公司治理实践提供有针对性的、强有力的指导。相对于商业银行公司治理结构其他部分的研究，如董事会制度、股东大会等，较少有人涉足监事会制度领域，相关研究基础薄弱，已有的研究中研究内容狭窄，对现状分析多，实证研究少；研究角度方法单一，对法律规定研究多，从经济、银行管理角度研究少，尚没有完全形成对中国商业银行监事会制度具有指导意义的理论体系。[①]

伴随着中国银行业体系的快速发展，将会有更多的股份制商业银行出现，对公司治理结构优化的需求与压力将进一步增强，对监事会制度理论问题进行系统性、创新性研究和探索的需求会越来越迫切。基于此，本书在对监事会制度相关理论进行系统梳理与述评的基础上，从商业银行经营的特殊性出发，充分考虑了中国商业银行公司治理结构的特性，科学借鉴了国外商业银行公司治理结构的典型模式，从理论上廓清了监事会制度在商业银行公司治理结构体

① 国内只有南开大学公司治理研究中心，如李维安等结合商业银行特殊性，对中国商业银行公司治理进行了研究，取得了一些有意义的研究成果，但缺乏对相应制度安排的研究，更没有涉及银行监事会制度。

系中的定位与作用，系统研究和实证检验了现行监事会制度有效性的缺陷与不足，积极探索发挥监事会制度有效性的理想模式与履职手段，进一步完善创新监事会制度理论体系。这对于现阶段中国商业银行公司治理走出“形似神不似”的尴尬困境，推动公司治理结构进一步优化，提升中国商业银行内部监督控制水平无疑将有着重要的理论价值和深刻的实践意义。

2. 国内外研究现状述评

（1）国外研究文献

由于在以英国、美国等发达国家为代表的公司治理模式中，其公司治理结构中内部监控制度并没有设计和选择监事会制度，因此，国外对监事会制度的研究尚不多见，特别是针对银行业监事会制度问题的系统研究更是少见，现有的相关材料文献也主要来自德国和日本，研究主要集中在以下几个方面：

①关于监事会制度的功能目标与职能定位

当监事会制度上升成为所在国家公司治理结构的主要内部监控制度形式时，关于制度的功能目标与职能定位就成为首先需要解决的问题。德国学者 Renaud（1875）认为监事会是独立于公司董事会的，是在股份公司内部代表股东大会发挥着监督董事会总体业务执行的组织机构，代替国家实施监督。法学家 Lehmann（1904）指出，监事会延续了 17 世纪和 18 世纪在公司中存在的代表主要出资者的理事会的部分功能。作为立法者的预期，监事会就如其名称所显示的那样，原则上应该是一个管控机构，但在实践进程中监事会还承担了原来理事会所应具有的“共同经营管理机构”的部分功能。Passow（1909）认为监事会在德国的诞生是立法者“草率”的决定，是一种不当的运用，监事会就是先前所论述的理事会，理事会的首要职能就是对业务执行的协助，而其次才是治理机构的职能，但《商法典》中除去了理事会中共同经营的职能，只把监督机能赋予名称已经变更为监事会的理事会，并把它导入《商法典》之中。与Passow的观点迥异，Schumacher（1937）则认为在废除国家许可制度后，监事会制度在法律上实际成为股东行使对企业经营管控的强制性机构，并且监事会在实践中承担起了代表中小股东利益的职能。Wiethlter（1961）在综合分析了Passow和Schumacher的观点后认为监事会是支配性股东的代表。

进入20世纪90年代后，随着社会经济环境与现代企业制度的快速发展，对于监事会制度的功能目标与职能定位在理论上又出现了新的解释。松本一纪（1998）认为在经济变革时期，监事会制度有效性的重点应当着眼于其监督职能的发挥。别府正之助（2003）也持类似的观点，认为监事会的基本任务在于对企业内部CEO的监督。菱山隆二（2005）、Demise（2005）等则认为监事会制度应该着眼于监事会在企业伦理与社会责任中的作用。

②关于监事会制度有效性的影响因素与强化途径

关于对监事会制度有效性的影响因素与强化途径的研究，一些国外学者从不同的角度与层次，运用不同的研究方法对这一问题进行了有益的探索，但这些研究所提出的解决方案，运用实证检验的却很少，使得政策的制定缺乏必要的实证支持。Simon & Winfried（2000）通过对德国500家公众公司的调查分析后认为监事会人员构成中应该有来自外部的独立监事，而不仅仅是大股东、控股股东或银行的代表，希望以此来增强监事会制度的监督功能。Dahya（2002）则通过由财务人员、政府官员和学者组成的专家委员会，对

16 家中国上市公司的董事、监事和高层管理人员进行了深度访谈。据此，Dahya 等认为中国上市公司监事会制度有效性欠佳的原因在于中国经济转型过程中市场导向制度的出现和传统的计划经济体系的影响，由此，造成企业部门的过渡性特征抑制了中国上市公司监事会制度有效性的发挥。在此研究结果之上，Dahya 等又提出了通过加强监事会的独立性，增加监事的合法权限等改进制度有效性的建议，并指出，提高监事会制度独立性的关键在于经济上和政治上的改革，如减少政府对企业事务上的监控，包括监事的任命和解聘等。西山芳喜（1995）从法律构造的视角，认为有必要进一步强化监事会制度的监督控制职能。

（2）国内研究文献

相对于国外的研究，我国对监事会制度的研究虽然起步较晚，但随着我国现代企业形态的发展以及股份制企业的不断增加，对于监事会制度的研究近些年有了快速增长。但从整体上看，这些研究还都处于初始阶段，研究视角比较单一，多是围绕现状分析展开；研究方法还不成熟，缺少实证研究；研究内容也缺乏系统性，以实用性解决问题为主等，其中能够结合商业银行公司治理的特殊性，针对中国商业银行监事会制度而展开的系统性研究还几乎处于空白状态。

①关于监事会制度的功能目标与职能定位

李明辉（2004）研究认为，中国上市公司监事会制度中的财务监督控制职能是其重要的职责内容，但由于现行制度对此项内容的规定并不完善，目前监事会制度中的财务监督职能存在严重弱化问题，因此，必须对相关法律进行修订，以此增强监事会制度的有效性，从而达到可以进一步提高上市公司会计信息质量的目的。王世权（2006）在分析监事会制度的演进后认为，中国监事会制度实质上传承了中国原国有企业中工会和职代会的部分功能，这反映出了在我国公司治理结构制度安排设计中对我国国情特征、历史及国际经验的借鉴和尊重。丁春贵（2007）通过对我国现行监事会制度虚化的分析，认为导致问题产生的根本原因在于对监事会制度功能定位不准确，为此应从利益相关者理论出发，采取措施完善利益相关者治理下的监事会制度。

②关于监事会制度有效性的影响因素与强化途径

李爽、吴溪（2003）研究了中国 108 家上市公司监事会对公司盈余管理的态度问题。据此，他们认为并未发现监事会在公司治理，尤其是在对外部审计方面发挥出了预期的作用。唐东晖（2004）从监督需求主体、法律制度、激励机制等几个主要方面对公司监事会制度存在的问题进行了深入的剖析，认为监督机制失灵是现行监事会制度产生问题的关键，并提出了相关建议。刘银国（2004）通过将博弈论引入到监事会制度研究中的方法，设计了博弈模型，分析了监事会监督行为的概率选择，并在此基础上提出了改进和提高监事会制度有效性的对策与建议。李维安、王世权（2005）根据所设计的监事会治理绩效评价指标体系，实证验证并分析了大股东所有权性质以及持股比例对监事会治理绩效的影响，认为上市公司要从根本上解决监事会制度虚置问题，必须要以优化股权结构为突破口，强化公司控制权的竞争。

③关于监事会制度必要性以及与独立董事制度之间的关系

在国内，对监事会制度必要性的研究与讨论是伴随着近年来实施独立董事制度的国家公司竞争力的相对增强以及独立董事制度正式引入中国上市公司后开始的。于立、马骏（2000）从对国际经验和中国实践的分析出发，认为中国股份制企业公司治理结构的“四会制”即股东大会、监事会、经理班子和董事会不是有效率的制度安排，据此提议由董事会同时行使决策权和监督权，而取消监事会。邵东亚（2003）通过案例分析认为应该采取以独立董事制度为核心的上市公司内部监督制衡模式，摒弃低效的监事会制度。谢德仁（2006）通过对上市公司审计委员会性质的分析，认为应当进行公司治理结构的创新，将监事会改造成为具有审计委员会性质的下属机构。

相对取消监事会制度的讨论，有相当多的学者论证了监事会制度的必要性，认为应当加强和完善监事会制度的建设，以促进其有效性的发挥。刘长翠（2002）通过研究公司监事会制度的审计职能，强调了监事会履行审计职能的必要性，并提出了改进措施。王立彦等（2002）在研究公司内部监控制度与财务信息质量关系的基础上，运用案例分析法分析了“美国安然公司的独立董事制度”和“中国PC股份有限公司的监事会制度”，通过总结内部监控机制的成败经验提出了加强监事会制度建设的必要性。李克成（2004）通过分析在中国石油监事会工作的实践体会，认为监事会工作是公司治理结构的重要组成部分，应予加强。李维安、郝臣（2006）则通过监事会治理评价体系对公司绩效的回归分析，认为在中国经济转型与公司治理机构运转初期，监事会治理水平偏低，但作为公司治理结构中的法定监督机构，监事会仍具有不可替代的作用，其监控水平不高并不是制度本身的问题，而是在运行过程中存在很多不足。王世权、刘金岩（2007）运用比较制度的分析方法，分析了中国监事会制度演进过程中所体现出的历史路径依赖性特征，并研究了与外部控制权市场和内部独立董事制度之间的互补关系，阐明了加强监事会治理的必要性，提出了完善监事会制度带动中国上市公司治理结构整体优化的建议。

监事会与独立董事制度在中国上市公司并存的客观现实，使得探讨两种制度之间的职能关系，构建制度之间的协调机制，为实践提供指导成为一种需要。何孝星（2001）分析了中国上市企业公司治理的现状，认为独立董事制度与监事会制度可以实现职能上的互补，但应当在充分考虑两种制度不同特点的基础上，在制度安排上保证两种制度的有效性与协调性。王世权（2006）通过对监事会制度相关的法律法规分析后认为，从职权来看，独立董事与监事会制度虽然在聘请外部审计咨询机构等方面的职权相同，但这仅仅是为了保证有效行权的需要，两种制度在职权行使上更多体现的是一种互补关系。

还有学者对独立董事制度与监事会制度进行了比较分析，认为应当分清两种制度间的不同性质，同时引入独立董事制度与监事会制度会产生冲突，为此，应该正确界定独立董事制度与监事会制度的职能。蒋大兴（2003）认为公司治理结构的改革是在传统框架内的改良，是制度对文化的适应，而不是文化适应制度。我国公司治理结构的背景与面临的公司内部监控问题，决定了独立董事制度的不适应性。曹宗平（2004）指出在中国现有制度框架内，独立董事制度没有取得应有的效果，反而与监事会制度在诸多方面产生了冲突，使得公司监督控制机制关系严重紊乱，使现有监督效率进一步下降，反而阻碍了公司经营绩效的提高。孙敬水（2002）等也就监事会制度与独立董事制度之间的关系进行了探讨，并提出了相关的完善建议。

④关于商业银行监事会制度

在国内，对于商业银行监事会制度的研究主要是伴随着国有商业银行股份制改造与上市、公司治理结构的建立运转而逐步展开的，但这些研究主要着眼于理顺监事会制度与独立董事制度的关系，分析监事会制度现状等，内容与视角单一、简单，缺少系统性，没有形成对监事会制度本原性质与作用机理等理论层面上的突破，难以对中国商业银行公司治理结构优化实践提供理论指导。杨大楷

（2004）通过分析国有商业银行监事会制度现状，借鉴国外先进银行的运作模式，提出了构建以监事会为中心的监控体制的建议。邹亚明（2005）从监督权限配置的视角出发，通过分析中国股份制商业银行监督权配置的现状，提出了通过战略投资者委派监事来完善监事会制度的思路。姜宝军（2006）从利益相关者理论出发，通过分析国有商业银行股份制改革的发展，提出了以股东与利益相关者相结合的中国商业银行公司治理模式，认为应当成立以利益相关者为主的外部监事会。向敏（2006）从分析我国商业银行监事会制度现状出发，认为要改变当前监事会制度不健全、有效性低下的情况，必须在完善权限配置的基础上，强化监事会的监督作用。武青（2007）通过分析监事会制度与独立董事制度的关系，提出了提升监事会制度监督职能的方法和手段。王学强（2008）回顾了国有商业银行监事会制度的建立过程，提出了完善监事会制度需要注意处理好党委会、董事会、独立董事与经营管理层等的关系问题。孙国钢（2009）联系农村合作银行的实际，简要分析了监事会制度的不足，提出了改进监事会工作的对策与建议。

3. 研究内容与结构安排

本书试图从公司治理理论、结构制衡关系、内部监控制度安排以及实证检验分析的角度，对中国商业银行监事会制度产生的根源，影响监事会制度有效性发挥的因素等进行理论分析和实证检验，以深化对监事会制度有效性的认识，为进一步完善优化中国商业银行公司治理结构提供思考角度和实践支持。

本书针对的是中国上市股份制商业银行及其监事会制度的研究。

（1）研究范围的界定

从银监会提供的资料来看，中国商业银行一般分为：大型商业银行（5 家）包括工商银行、农业银行、中国银行、建设银行和交通银行；股份制商业银行（12 家）包括中信银行、中国光大银行、华夏银行、广东发展银行、深圳发展银行[①]、招商银行、上海浦东发展银行、兴业银行、中国民生银行、恒丰银行、浙商银行和渤海银行；城市商业银行（143 家）包括北京银行、南京银行、宁波银行等；农村商业银行（43 家）、农村合作银行（196 家）、邮政储蓄银行（1 家）和外资银行（37 家）。

本书以我国 14 家上市股份制商业银行（截至 2009 年）即包括工商银行、中国银行、建设银行、交通银行、华夏银行、浦发银行、深圳发展银行、兴业银行、招商银行、中信银行、民生银行、北京银行、南京银行和宁波银行为研究范围，主要基于以下考虑：第一，这 14 家商业银行包括了中国境内主要的三类商业银行，即大型国有控股商业银行、区域性股份制银行与城市股份制商业银行，有全国性银行，也有地方性银行，这些研究样本银行的选择，一定程度上保证了本书研究内容与结论的普遍适用性。第二，样本银行资产规模在中国银行业占有绝对比例，截至 2009 年末，资产规模占到了中国银行业总资产的 56% 左右，其中上市大型商业银行资产占比更是达到了 42% 左右[②]，对于中国银行业而言，这些银行具有典型的代表性。第三，从世界范围看，股份制上市银行是现代商业银行普遍采取的形式，到目前为止还没有一种企业制度模式能够超越它，我

① 2012 年 7 月，深圳发展银行更名为平安银行。

② 若将 2010 年上市的农业银行、光大银行资产规模统计在内，这一比例分别达到 65%、51%。

国银行业的整体发展趋势也体现出这一规律，因此，可以讲这些上市股份制银行代表着整个中国银行业的发展方向①。第四，商业银行只有经过股份制改造并上市后，才可能为商业银行公司治理结构框架的搭建，三权分立、权力制衡法人治理结构的建立，公司治理的实施与优化提供必要的制度基础与前提。第五，商业银行上市后，要按照境内外市场、国际会计准则、证券监督管理当局和证券交易所的严格要求进行会计核算和信息披露，信息披露制度将更加统一、规范和透明。样本商业银行相关数据、信息披露的真实性、完整性和一致性为对比、分析和实证检验各家商业银行公司治理结构状况提供了可靠的数据来源。第六，商业银行股份化并上市后，通过境内外市场的约束、规范与压力，才能真正按照市场规则，推动银行内部治理结构与内控体系的运转，激励约束机制的深化，也才能谈得上进一步推动公司治理结构的优化和制度有效性的发挥。

因此，本书研究的“中国商业银行”，从公司治理结构优化的角度来讲是将研究对象确定为这 14 家具有典型代表性的中国上市股份制商业银行。

（2）关于概念与内涵的说明

关于监事会制度

商业银行监事会制度就是指关于监事会的组成、职权、议事方式、表决程序以及监事成员的任期、责权等规范的总称，是根据法律规定在商业银行公司治理结构内部行使监控权限的专门机构及其制度安排，是针对银行内部监督制衡与约束控制关系所做出的内部监控制度设计与机制安排。

---

① 在 2010 年，农业银行、光大银行经过资本注入与不良资产剥离，也成为股份制上市商业银行。

一般而言，根据不同的标准，商业银行股份有限公司的监督控制可以划分为多种类型：按监督控制主体的不同，可划分为股东监控、股东大会监控、董事监控、董事会下属审计委员会监控以及市场主体监控、证券或银行监管部门监控等；按监控内容的不同，可划分为业务经营监控、风险监控和财务监控等；按监控时间的不同，又可划分为事前监控、事中监控和事后监控。但如果以公司治理结构为标准加以划分，主要包括外部监控与内部监控两类。

外部监控是来自市场、政府与社会团体等对商业银行的监督与控制，主要包括外部约束控制权市场、外部权力监督管理、法律文化等几个方面。内部监控是来自股东大会、监事会、董事自身以及股东个体对商业银行决策者与经营者的监督与控制，当然其中也包括经营者的自我监控。但相对于股东大会的临时性、股东个人的分散性以及经营者自我监督的难以实现性而言，要实现银行、股东与其他利益相关者利益的最优化，就必须在公司治理结构内部设计合理可行的监督控制制度即内部监控制度，根据法律规定对银行内部董事会、经营管理者等内部控制人进行监督控制，确保银行经营高效、安全、有序，这成为商业银行公司治理优化过程中必然的选择。

综上所述，关于监事会制度的概念与内涵，首先是建立在商业银行公司治理结构组织框架之上的，是指通过决策权、监督权与执行权行使主体机构的设置，明确各行使机构主体之间的权责分配，达到三者之间权力分配与关系制衡的结构关系，即通过明确股东、董事会、监事会与行长经理层之间权力与责任的分配，从而确定公司的议事规则和程序，决定银行公司治理的目标、组织结构以及进行监督制衡的手段。

其次表现为商业银行公司治理结构内部监控制度的安排形式，是根据法律规定对商业银行业务经营、风险控制以及财务等情况进行监控的专门机构和制度安排。这一制度安排在商业银行股份公司两权分离的状态下，是按“三权分立、有效制衡”原则设计的、具有可行性的商业银行公司治理内部监控模式，是现代银行公司治理结构的重要组成部分，其职能的有效履行是良好、完备的公司治理结构运转的基础，不断优化的公司治理结构必然以监事会制度的不断完善为依托。

再次，根据制度安排，监事会是商业银行公司治理结构内部监控权限行使的主体，是银行内部专门的、常设的监控机构，这样才能有效发挥出内部监控制度在维护股东与其他相关者利益等方面的重要作用。

最后，监事会制度所履行的是动态的监督控制职能，是监事会依法对商业银行董事会、经营管理层经营管理活动及其行为的监督、检查、约束与控制等一系列活动。

关于监事会制度有效性的内涵

监事会制度是否有效，就是指监事会制度作为中国商业银行公司治理结构的内部监控制度安排，通过一整套针对银行内部监督制衡与约束控制关系所做出的制度设计与机制安排，确保监事会监督控制职能的实现，有效解决银行内部人控制与经营风险问题，最终实现监事会监控的最优化和利益相关者、银行价值的最大化。

具体而言，监事会制度有效性的含义是公司治理结构选择出的决策者与经营执行者在作出战略决策和经营执行时，会对内部监督制衡、约束控制的权限行使主体，可能会采取的策略反应产生一个相对稳定的预期，而这些预期会对决策者和经营者的行为构成理性的、有效的激励和约束，这样在不断优化的公司治理结构过程中构建出有效的权利、责任以及利益之间相互制约机制，提高对银行内部人的有效监督的可能性，同时降低这种监督的成本，激励各方面的积极性，高效有序地解决银行内部各方面要素的效率问题，最终实现公司治理目标，降低银行经营风险。

（3）研究结构框架安排

本书除导论部分外，主体内容共计 8 章，根据研究结构，主要可以分为 3 个部分：

第一部分包括第 1 章、第 2 章、第 3 章和第 4 章，是理论部分，其中第 1 章是商业银行监事会制度理论研究的起点。本书以监事会制度为基准，系统梳理了相关公司治理理论，结合内部监控制度设计特征，对委托代理理论、利益相关者理论、分权制衡结构理论等进行了分析。作为现代企业中的特殊行业，本章对与商业银行监事会制度密切相关的公司监事会制度历史发展进行了简要介绍，并对相关理论进行了概述。针对商业银行的特殊性，本章结合公司治理理论，对商业银行公司治理的特殊性以及公司治理结构内部监控制度安排等相关内容进行了综述和分析。上述三部分，为研究中国商业银行监事会制度有效性提供了理论支持。

第 2 章是商业银行监事会制度的国外实践。本章结合美国、英国、德国和日本等国商业银行公司治理模式，对其内部监控制度的安排形式与特点进行了详细的介绍、评述和比较研究，最后还分析了国外商业银行公司治理结构内部监控制度的发展趋势。另外，鉴于始于 2007 年国际金融危机对于银行业发展的重大影响，本书就金融危机对商业银行公司治理的影响与冲击进行了论述，并在总结金融危机对商业银行制度规范、公司治理结构优化经验的基础上，从内部监控制度安排的角度，提出了金融危机对监事会制度有效性的启示。

第 3 章是中国商业银行监事会制度的发展演进、现状分析与基本特性。本章首先简要回顾了中国商业银行公司治理改革历程，并对公司治理改革的目标、思路和结构体系构建进行了分析，在此基础上，归纳总结了中国商业银行监事会制度发展演进的三个阶段，即监事会制度的设计产生阶段、监事会制度的选择与实施阶段、监事会制度的确立与规范阶段。其次对中国商业银行监事会制度监控有效性的现状进行了深入的考察与分析，并从法律基础、激励机制、需求主体等多角度分析了现阶段监事会制度有效性弱化的原因。在最后一节，对中国商业银行监事会制度的特性进行了全面总结和归纳。

第 4 章是中国商业银行监事会制度有效性的影响因素分析。本章全面论述了商业银行特殊性所形成的公司治理制衡结构间委托—代理关系的复杂性，以及由此所决定的公司治理结构层次中内部监控制度安排的必要性与困难性，为此需要对商业银行内部监督控制权限行使的有效性进行全面的规划与考虑，首先是在制度设计上需要考虑的影响因素；其次是对影响制度有效性的外部因素的分析，主要是来自基础性、外部性因素，如股权结构、国家特性、市场特征以及社会传统等方面，主要涉及外部约束控制权市场、外部权力监督管理与社会法律制度环境与文化传统等；最后是对制度本身有效性发挥内部影响因素的分析，主要是合理性与可实践性分析，主要包括制度的独立性、制度的成熟度、制度的效率性三方面的核心问题。

第二部分为第 5 章，是针对监事会制度有效性的实证检验与研究。在简要总结国内外对监事会制度有效性评价的基础上，首先根据制度有效性的内部影响因素，设计并构建了评价和衡量中国商业银行监事会制度有效性的评价指标体系；其次以样本银行 2007 ~ 2009 年年报数据为基础，结合中国商业银行公司治理结构的基本特征，实证检验分析了监事会制度的有效性：第一，对样本银行监事会制度有效性影响因素进行了描述性统计分析与综合评价指数分析；第二，以财务指标、资产质量指标与资本指标为解释变量，利用回归分析模型，检验了监事会制度有效性与银行治理目标、经营绩效、资产质量与资本充足性之间的相关性。

第三部分为第 6 章、第 7 章和第 8 章，分析研究了中国商业银行公司治理结构特殊性与监事会制度有效性之间的关系，并提出了增强监事会制度有效性的对策与建议。

第 6 章研究并实证检验了股权结构、股东类型与监事会制度有效性之间的关系。通过分析不同股权结构特点所由此带来的对内部监控制度安排的影响，分析并实证检验了在中国商业银行股权结构中占有控股地位的国有股与国有法人股确实对监事会制度有效性产生着重要影响。从控股股东、监督需求主体与监事会制度有效性三者之间的关系出发，分析监督需求主体对监事会制度有效性的根本性影响作用，只有在优化需求主体的基础上，充分满足监督需求主体的监督控制需求的行为，才能实现真正有效的、高质量的内部监控制度安排。

第 7 章分析、研究和探讨了中国商业银行内部监督控制关系的特殊性与复杂性。首先通过对商业银行独立董事制度特征的深入研究，结合中国商业银行的实际，对独立董事制度有效性进行了分析，探讨了中国商业银行公司治理结构内部监事会制度与独立董事制度之间的职能定位与履职关系。其次通过分析中国商业银行公司治理结构决策与监控执行主体之间的制度关系，认为董事会制度与监事会制度作为治理结构中的核心基础安排，两者之间的权力监督制衡关系涉及整体公司治理架构的运转效率与效能发挥，因此，必须明确两种制度之间所涉及的监督制衡关系，即必须明确对行长经营管理层上的监督职责范围与关系，对董事会的评价关系与权力，与董事会沟通协调关系与内容。最后从合理界定权利、义务以及相应责任边界的角度，探讨了监事会制度与董事会制度中对行长经营管理层监督权限配置的内容与范围。

第 8 章为结论部分，主要在总结全文的基础上，从体系变革、机制完善和环境建设三个方面提出了完善提高中国商业银行监事会制度有效性的政策建议。

4. 主要特色与创新点

本书在研究对象、研究内容和研究方法上均具有一定的创新性。

（1）在研究对象上，本书是针对中国商业银行监事会制度有效性进行的系统性研究，有效拓展了该领域的研究空间。由于国外商业银行公司治理模式下在内部监控制度安排上的差异性，以及中国商业银行公司治理结构体系构建与运转的时间有限，相对于银行公司治理其他部分的研究，如董事会制度、股东大会等，以商业银行监事会制度为对象的系统研究少之又少，研究基础薄弱。

（2）在研究内容上，本书是对中国商业银行监事会制度有效性的系统归纳、分析和总结。在对监事会制度产生、演进、现状与绩效进行充分研究的基础上，本书以商业银行公司治理结构内部监控制度安排与设计为出发点，对监事会制度监控机制的有效运转展开研究，其中国有股权结构对银行监督控制需求主体的影响，银行公司治理结构内部监控关系优化、银行公司治理监控机制有效性影响因素分析等方面的研究均具有一定的独创性。

（3）在研究方法上，本书采用建模分析的方法，实证检验分析了中国商业银行监事会制度的有效性。从现有资料来看，对商业银行监事会制度进行系统性、针对性的实证检验与研究还处于空白状态。本书以中国三类股份制上市商业银行 2007～2009 年年报数据为基础，结合银行公司治理的基本特征，定义并系统设计了中国商业银行监事会制度有效性的评价指标体系，进行了相应的描述性统计分析与综合评价指数分析，并通过选取更具针对性的模型变量，建模实证检验的方法，使得实证结论更加符合中国银行业的实际情况，也更加具有经济解释含义。因此，此项内容与研究具有一定的创新性。

通过研究与实证分析，本书得出以下有意义的结论：

（1）银行业的特殊性决定了其公司治理结构中内部监控制度安排的重要性。公司治理结构优化的实质就是构建出一种有效的权利、责任以及不同利益体之间的相互制约的机制，而商业银行因其自身所固有的行业特性使得公司治理制衡结构间的委托—代理关系更加复杂化，涉及更加广泛的利益相关者，这就要求在其治理结构优化进程中必须将履行监督制衡与约束控制职能的内部监控制度安排放在更加重要的位置加以考虑，需要对内部监控权限行使的有效性作出全面系统的制度设计、选择与安排。

（2）监事会制度对中国商业银行公司治理内部结构之间监督制衡关系的优化有着重要的作用。监事会制度是中国银行业公司治理内部监控制度的安排形式，作为银行的内部监控机制，其有效性在于通过制度的安排来弥补外部监督约束控制条件的失灵，监督控制银行内部董事和高级管理人员，有效解决银行内部人控制与经营风险问题。为了确保其职能行使的有效性，就要分析监事会制度在公司治理制衡约束关系结构中的定位与作用，分析研究影响监事会制度有效性的各种影响因素。

（3）商业银行内部监控制度有效性的发挥，要充分考虑中国商业银行公司治理的特殊性。各国商业银行内部监控制度所面临的历史发展、利益冲突与解决机制不同，决定了制度有效性的发挥不在于形式上的选择，关键在于制度的选择是否符合各国历史路径发展的惯性，在于制度的安排是否具有经济性与效率性，能否有效降低监督成本，提高监督效率。只有对当前中国商业银行可能存在的利益矛盾与冲突进行认真地分析，对现有制度和规则基础进行充分地把握，才能够判断出监事会制度的适用性与有效性，才能及时明确制度设计的合理性、合法性与可实践性。

（4）股权结构对监事会制度有效性产生着重要影响。股权结构、股东类型与监事会制度有效性之间存在着紧密的关联，需要特别注意中国商业银行股权结构对监事会制度有效性所产生的重要影响，国有控股股东对监事会制度的影响与控制是造成公司治理结构扭曲的重要原因之一，只有突破现有股权结构框架，进行监控需求主体创新才能真正优化完善现有监事会制度，监事会制度也只有作为利益相关主体多元化的代表，对新的监控需求主体负责，对董事会、经营管理层进行监督和权力的制衡，才能提高其有效性，发挥出有效的监督制衡作用，从而达到带动中国商业银行公司治理结构整体优化的目标。

（5）商业银行公司治理结构优化的核心是推进银行决策权、监控权与执行权三权制衡机制的有效运转，而董事会制度与监事会制度是其中的核心制度安排基础，决定了整个公司治理架构的运转效率与效能。公司治理结构的有效运转，不取决于具备何种制度执行主体，而取决于制度运行机制的有效性，决定机制有效运转的两个必须的前提条件是：第一，权利执行主体之间，即决策权、监控权与执行权执行主体之间必须具备清晰的权力范围、权利关系以及相应的责任边界；第二，各执行主体内部必须具备有效运作的组织程序与体系，即必须建立起有关责任人科学选拔、聘用机制，有关责任人各自岗位权责关系清晰的职责边界。

本书的局限与不足：

（1）本书对商业银行监事会制度的发展与事实概括可能存在遗漏问题。商业银行公司治理是新兴的研究领域，其中关于构建商业银行公司治理结构内部监控制度的理论研究框架更是一个全新的课题。受文献资料来源狭窄、语言限制等原因，国外论文资料的收集主要来自英、美等国，只有少部分来自德国和日本的翻译文章，因此，对监事会制度的历史发展、事实概括与国际比较分析等可能归纳总结不足，存在遗漏。

（2）本书对中国商业银行监事会制度的理论总结和机理研究可能存在表面化问题。相对于国外文献，关于中国上市公司监事会制度的研究资料虽然较多，但研究内容狭窄、角度单一，很少涉及银行业，对中国银行业公司治理的现状与特殊性就考虑得更少，在资料受到限制的条件下，本书对于中国商业银行监事会制度的一些研究结论、特点归纳与理论探讨可能存在表面化、一般化的问题，在此基础上对监事会制度的本原性质、作用机理等方面的研究可能不够深入。

（3）本书对中国商业银行监事会制度的实证分析可能存在证据有限性问题。本书在对现阶段中国商业银行监事会制度有效性进行实证检验分析的过程中，尽可能全面包括了样本数据的选择，并重新考虑设计了更具针对性的模型变量，但因中国商业银行公司治理结构体系构建和运转时间不长，监事会制度有效性评价指标数据难以获得长期稳定实践检验等原因，实证检验研究可能具有经验证据有限性的特征。

第1章　商业银行监事会制度的理论基础

公司治理理论的研究起源于英国和美国，是企业制度不断发展的产物。在早期古典企业制度形式下，由于企业所有权与经营权的合二为一，因此不存在公司治理问题。但以股份制为主要表现形式的现代企业制度的发展所导致的经营权与所有权的分离，即两权分离的产生，促使了公司治理理论的产生与发展，公司治理理论也从早期的产权理论、股东至上等理论发展到了后来的超产权理论、利益相关者理论和委托—代理理论等，这些理论的建立与发展共同构筑了公司治理结构理论体系框架，作为商业银行公司治理结构内部监控制度，这些理论也为监事会制度的研究提供了坚实的理论基础。

1.1　商业银行监事会制度理论综述

1.1.1　公司治理结构的概念与内涵

“公司治理结构”、“法人治理结构”（Corporate Governance Structure）以及“公司治理机制”（Corporate Governance Mechanism），一般在国际上统称为“公司治理”（Corporate Governance）。什么是公司治理，不同的学者与研究机构给予了不同的定义，OECD（经合组织）认为公司治理就是一整套结构体系，涉及公司股东、董事会、管理层以及其他利益相关者之间的利益关系，并通过这套体系决定公司经营的战略目标，所要采取的措施以及考察绩效的方法等。钱颖一认为，“公司治理结构就是一种制度安排，用以支配若干在企业中有重大利害关系的群体—投资人（股东、贷款人）、经理人员、职工之间的关系。公司治理结构应当包括：（1）控制权的行使与配置；（2）监督评价董事会、经理人和职工；（3）如何设计和实施激励机制。一般而言，良好的公司治理结构能够利用这一制度安排的补充性质，并选择一种结构来降低代理成本”。①

公司治理的核心问题是什么，不同的学者也有着不同的看法，Jensen 和 Meckling（1976）认为公司治理就是指所有者与经营者之间的关系问题，因此，公司治理的关键在于如何使所有者与经营者的利益相一致。Blair（1995）则认为公司治理是关于公司控制权或剩余索取权分配的一整套法律、文化和制度性安排。这些安排决定了公司治理的目标、所有权、控制权及风险和收益的分配，并且他认为这种分配应在与公司利益相关者中进行，如股东、债权人、职工、客户、供应商以及社区等。

尽管存在上述争论，但是公司治理对于企业的重要作用与意义却并不存在争议，都认为良好的公司治理是现代企业制度的核心，是企业提高经营绩效，提高投资回报，走向国际化的基础。

综合有关观点，可以认为公司治理的实质与内涵就是一种组织结构框架和一整套制度安排，即通过股东大会、董事会、监事会与管理层所形成的公司治理内部结构以及相应的制度安排，协调、处理公司所有者与经营者之间的权利与责任关系，防止经营者对所有者权益的背离，保证股东利益的最大化。随着社会与经济的发展，公司治理结构中所涉及的利益相关者更多，尤其是商业银行这一特

① 钱颖一：《中国公司治理结构改革和融资改革》，北京，中国经济出版社，1995。

殊行业，利益相关者包括股东、债权人、供应商、职员、政府和社区等，范围更加广泛，数量众多，因此，现代公司治理的内容已经不仅仅局限于所有者对经营者的监督与控制，而是涉及更加广泛的利益相关者。

1.1.2 监事会制度决定理论

监事会制度作为行使监督控制权限的专门制度安排，是公司治理结构的有机组成部分，因此，关于公司治理问题产生与发展的理论，如两权分离理论、产权理论以及委托—代理理论等成为决定监事会制度产生的理论基础。

（一）两权分离理论

两权分离理论就是公司所有权与控制权分离理论，该理论的产生为公司治理理论的产生与发展提供了基础。1904 年，制度学派创始人凡勃伦（Veblen）在其发表的《企业理论》中将两权分离问题提升为所有权与经营控制权相分离的理论，1932 年，两权分离理论代表人物法学家贝利（Berle）和经济学家米恩斯（Means）在其合著的《现代公司与私人财产》中通过对美国 200 家大公司进行的实证分析，第一次对两权分离后产生的委托人（股东）和代理人（经理层）之间的利益背离关系进行了深入的分析，论证了被他们称之为“经理革命”的公司权力结构，他们认为现代企业的管理权已经不可避免地从私人所有者手中转移到具有管理技能的经理人员手中，股份公司的发展导致了所有权与经营控制权的分离，这是 20 世纪发生的重要变化，是一场革命，由此引发了对公司治理的深刻讨论。

所有权与经营控制权的分离是经济与社会发展的必然产物，实质上是一种所有制理论，该理论主要由两部分内容组成：一是生产资料所有权占有、支配和使用等经济关系的综合体系；二是生产资料所有权可归结为所有权和经营控制权，两权既可以统一，也可以分离。两权分离后，在股份公司实现最大化盈余目标的过程中，资本的所有者追求的是资本增值的最大化并且希望凭借对财产的最终拥有权分享全部盈余；而拥有公司管理控制权的资本运营代理人，除了追求资本收益外，还力图取得更多的非货币收益，并考虑自身的回报。两者在利益上的差异，使得资本所有者会采取必要的手段对资本运营代理人进行监督，而资本代理人则会利用信息优势等各种方式来躲避监督，这样的结果必然会产生两者之间的矛盾，而最终会导致资本运营的代理人各种弄虚作假行为的产生。

（二）产权理论与超产权理论

产权理论的核心是产权的明晰，认为社会经济交往的前提是制度安排，制度在本质上是行使一定行为的权力，所以经济分析的前提和首要任务是界定产权关系，明确规定当事人可以做什么，然后通过权利的交易达到社会总产品的最大化。因此，完善产权制度对经济协调与持续发展具有极其重要的意义，产权是决定企业公司治理结构与绩效的基础性和决定性的要素。

产权理论认为，企业的产权人享有对剩余利润的占有权和支配权，有较强的激励动机去不断提高企业的效益，所以在利润激励上，私有企业比传统的国营企业强。相反，没有产权或产权不清晰的社会是效率低下、资源配置无效的社会。

具有较高激励机制与高效率的产权应该具有以下四个特征：一是明确性，即一个包括财产所有者的各种权利以及对限制和破坏这些权利进行处罚的完整体系；二是专属性，它使因一种行为而产生的所有报酬和损失都可以直接与有权采取这一行动的人相联系；三是可转让性，产权的权利可以被引到最有价值的用途上去；四是可操作性。

但是产权理论也有一定的局限性，最大缺陷是过度强调了产权明晰的作用，夸大了产权在提高企业绩效中的作用，而忽视了决定企业绩效的内外部因素。

相对于产权理论，超产权理论则认为，产权人拥有剩余索取权与激励经营者努力投入、提高企业效益并没有必然的正向联系，因此，产权关系的变化并不能保证企业公司治理机制变得更有效率，而竞争才是保证企业公司治理机制不断提高效率的根本条件。

超产权理论把竞争作为激励的逻辑起点，其依据是20世纪90年代发展起来的竞争理论，竞争理论具体内容包括竞争激励论、竞争发展论、竞争激发论和竞争信息完善论，这些理论为超产权理论发展“竞争激励”提供了理论基础，也为把企业公司治理机制从产权中分离出来提供了逻辑依据。

超产权理论包括两项基本内容：一是企业治理，包括信息非对称下的合同激励机制理论、信息非对称下的经理聘选理论、监督机构和产权结构等。二是竞争理论，主要包含四个方面：竞争激励，也就是竞争诱导的激励，是除了利润激励之外的隐含激励，其动力源分别是信息比较动力、生存动力和信誉动力；竞争激发论，企业之间利益的对抗性、信息的非对称性及潜在违约性三个要素激发了竞争；竞争发展，市场竞争程度越高，市场份额与企业绩效的相关程度就越高，这种环境下最利于企业发展；竞争信息完善，通过比较竞争促使信息产生，以便于企业所有者或管理层作出准确的判断。

超产权理论在产权理论的基础之上，取得了新的突破，丰富发展了产权理论：一是拓展了产权理论对企业绩效决定因素的分析范围；二是阐明了私有企业与国有企业的前提条件，尤其是国有企业改革成功的先决条件；三是阐述了竞争在提高企业绩效方面所发挥的作用；四是强调了竞争激励与公司治理机制的关系，在实证解释方面更具有内在逻辑性。

（三）委托—代理理论

委托—代理理论是公司治理理论的重要组成部分，为公司治理结构中的制度安排内容、制衡结构关系提供了重要的理论基础。

委托—代理理论是指委托人聘用代理人来完成某项工作时的委托—代理关系，即委托人和代理人通过共同认可的契约来确定他们各自的权利与义务，主要包括代理人为委托人利益而采取的经营活动、委托人向代理人支付的相应报酬等。

根据科斯的产权理论的解释，委托—代理关系产生的根本原因是资本的所有权与控制权相分离。但是代理关系并不必然出现代理问题，代理问题的核心是动力问题，即代理人与委托人效用函数相一致时则不会出现代理问题，当代理人有可能偏离委托人的委托目标要求时，甚至损害委托人的利益时，即两者效用函数不一致时，会产生代理问题。除了效用不一致外，产生代理人问题的原因还可能是：一是代理人作为理性的经济人，同样存在机会主义的动机，在代理经营的过程中产生损害或偏离委托人利益的道德风险和逆向选择；二是经营机构自身的专业性、复杂性，市场竞争的激烈性所产生的信息不对称性，使委托人很难对代理人的努力程度、是否存在机会主义行为进行及时准确的判断。

在现代股份制公司中，所有权与管理控制权是相分离的。出于各自不同利益的考虑，股东与代理人追求的目标往往是有差异和偏差的，股东追求的是资本收益与资本增值的最大化，最终表现为公司利润的最大化；而拥有公司管理控制权的股东代理人，除了追求资本收益外，还力图取得更多的非货币收益。在专业化不断加深的情况下，股东与代理人掌握的信息经常是不对称的，信息优势往往掌握在代理人手中，处于信息劣势的股东则难以对代理人行为作出准确的判断，难以激励和约束代理人的行为。

在这种情况下，股东利益保护和代理人问题就产生了，对股东而言，为了保护自己的权益则需要进行相应的制度安排，设计和构建有效的监督制衡机制来减少所有权与经营控制权分离后所产生的委托人与代理人之间的利益冲突，将代理人的利益取向与委托人的利益有机地统一、结合起来。

基于解决委托—代理问题的一种制度安排，监事会制度就是为了解决公司治理结构监督制衡关系所作出的制度选择，反映的是财产所有权与经营管理权分离后而产生的监督关系，是约束董事和经理人、维护股东利益的一种监督制衡方式。

1.1.3　监事会制度目标理论

监事会制度作为行使监督控制权限的制度安排形式，是公司治理结构的重要组成部分，其有效性发挥的目标，同样要服从于公司治理的最终目标。关于公司治理目标的理论也经历了一个历史发展演变的过程，从早期的“股东利益至上理论”到“利益相关者理论”。

（一）股东利益至上理论

股东利益至上理论曾是主流的公司治理观点，该理论认为股东是企业的所有者，企业的财产是由他们投入的实物资本形成的，他们承担了企业的剩余风险，理所当然就应该享有企业的剩余控制权和剩余索取权，这种理论逻辑则被称之为“股东至上主义”。

在这种理论之下，企业的经营目标是股东利益的最大化，基本理念是经营管理者服务于股东，股东是公司剩余风险的承担者，股东拥有使用、处置、转让其产权的权力，管理者只有按照股东的利益行使控制权才是公司治理有效的保证。

为了实现股东利益至上的目标，同时因为信息不对称的存在，为了防止经营管理者出现道德风险与逆向选择的委托—代理问题，实行的是以股东为主体的委托人模式，公司治理主要研究的是所有者与经营者、债权人与股权人之间的相互关系问题，股东所有者通过设计实施有效的机制来约束和规范代理人的行为。

在公司治理结构设计与制度安排中，监事会制度等监督机制所形成的治理结构制衡关系是建立在股东在董事会决策中的权利和天赋特权基础之上的，股东利益至上的基本目标决定了监督制衡机制有效运转的目标是为了防止代理人将股东所有人风险超出其预期范围之上，以减少委托—代理问题，降低代理成本，提高企业经营效率，更好地为实现股东利益服务。

20 世纪 80 年代以前，股东利益至上理论成为了市场经济的黄金定律，股东在公司治理中拥有独一无二、至高无上的地位。但这种理论也存在一些弊端：第一，这种理论及其治理模式只片面地考虑到了股东的利益，但同时经营环境的变化，社会经济的发展，使企业经营越来越具有社会性，因此，无法忽略其他利益相关者的利益；第二，股东拥有对企业的剩余索取权，但同时只承担部分风险而不是全部风险，这往往将企业置于高风险之中；第三，由于大型股份公司股权越来越社会化、分散化，股权的分散和流动降低了股东承担的风险，其关注企业的积极性减弱，同时由于信息的不对称性，从而导致股东对经营管理者很难进行有效监督与控制。正是由于这些弊端，从 20 世纪 90 年代初开始，“股东利益至上”的理论受到了利益相关者理论的强烈挑战，与此同时，利益相关者理论在公司治理目标中的作用得到越来越多的重视。

（二）利益相关者理论

有别于传统的股东利益至上理论，新兴的利益相关者理论则认为，公司的“所有权”是共同的，而股东只是相关利益者中的一部分，任何一个公司的发展都离不开各利益相关者的投入或参与，他们同样在企业中贡献了与其利益相应的资产，并承担着相应的风险，这些利益相关者与企业的生存和发展密切相关，因此，企业的经营决策必须要考虑他们的利益或接受他们的约束，企业追求的是利益相关者的整体利益，而不仅是股东利益的最大化。这些利益相关者包括企业的股东、债权人、雇员、消费者、供应商等交易伙伴，也包括政府部门、本地居民、本地社区、媒体、环保主义者等压力集团，甚至包括自然环境。

利益相关者概念自20世纪60年代提出以来，经历了一个从利益相关者影响到利益相关者参与的发展过程，主要经历了三个阶段：第一阶段，企业存在的目的并非仅为股东服务，而且还关系到企业生存的利益群体；第二阶段，提出了普遍利益相关者概念，扩展了利益相关者的内涵，不仅将影响企业的个人和群体视为利益相关者，同时还将企业目标实现过程中受影响的个人和群体也看做利益相关者，并且纳入了社区、政府、环境保护主义者等实体；第三阶段，从专用性资产的多少以及资产所承担风险大小的角度，为利益相关者参与企业所有权的分配提供了衡量的方法和依据。

在利益相关者理论之下是“受托人模式”，该模式认为，大型公司是社会机构而不是私人合约的产物，公司董事会应作为公司有形和无形资产的受托人，其职责是促使公司资产的价值得到保护和不断增长，并使资产在不同的利益相关者之间得到均衡的分配，即受托人不仅应考虑现有股东的利益，而且还应平衡现在和将来利益相关者的利益。

在利益相关者理论和“受托人模式”下，公司治理的目标可以定义为一种更加广泛的目标，是法律、文化和制度性安排的有机整合，在这目标之下的治理结构及制度安排决定了公司决策机制、监督制衡机制以及公司从事的经营活动所产生利益与风险的分配机制。

利益相关者理论为研究和解决公司治理问题提供了新的思路和实践路径，按照资产越多，承担的风险也越多，相应所得到的企业剩余索取权和控制权就越大的思路，实践中利益相关者不同程度分享了剩余控制权，因此，从利益相关者角度出发，实现企业整体价值的最大化，才是企业经营的目标，也是公司治理的最终目标，企业包括商业银行的公司治理要充分考虑利益相关者的利益，强调利益相关者参与的共同治理。①

1.1.4　监事会制度结构关系理论

研究公司治理问题产生与发展的理论是决定监事会制度的理论基础，但在公司治理结构中内部监控主体居于何种地位，其制度安排影响因素如何等问题却是决定和影响监事会制度结构关系的主要因素，以研究结构关系为主要内容的理论则是公司治理结构理论。

（一）公司治理结构理论

公司治理的结构理论，为公司治理的组织框架和制度安排提供了理论依据，通过该理论协调公司各方面利益主体的关系，实现公司治理机制的有效运转和经营目标的实现。

该理论认为，公司治理结构是一系列契约安排的集合，包括建立多种并存的、系统的控制机制，通过这些制度安排选择出最有效率的决策与经营主体，并对这些主体进行有效的激励和约束，以确保其符合公司治理的目标。公司治理结构可以分为狭义和广义两个

① 丁春贵（2007）认为监事会只有定位于代表利益相关者，才能进一步完善监事会制度。姜宝军（2006）从利益相关者理论出发，提出在股东与利益相关者融合的基础上完善外部监事会的思路。

方面。狭义的公司治理结构认为公司治理是一种内部治理结构，通过股东、董事会、监事会和经营管理层机构的设置，明确各个机构的权责分配，从而达到三者间约束与权力制衡；而广义的公司治理结构认为公司治理除了内部治理结构之外，还应包含人力资源管理、收益分配机制、激励约束机制和财务管理制度等系统，甚至还包括企业文化、国家的相关法律规章、金融环境条件和金融体系等在内的宏观系统的统一。公司治理的内部结构是以最大限度地实现公司利益，满足股东的长期利益为目标的，而广义的公司治理结构更多依赖于公司外部约束市场进行的间接调节，即以资本市场股票价格、收购机制等外部条件的形式，达到公司治理的目的。

尽管两种结构观的视角不同，但是无论是狭义的公司结构观还是广义的公司结构观，都是通过建立起权力与责任分配的制衡机制，规定公司议事规则和程序，明确股东、董事、经理和其他利益相关人的权力与责任，实现目标并进行监督。

典型的公司治理结构有如下特征：股东是剩余权的索取者，通过拥有投票权选择董事会；董事会选择控制经理人员；而经理人员拥有对企业日常运行的决策权；债权人从公司拿走利息收入，但不具有投票权，但企业破产时，就取得了对企业的控制权。

公司治理结构理论，为监事会制度的职能定位提供了依据，并为衡量制度的有效性制定了标准，即在一个良好的公司治理结构框架下，当选定的决策者与经营者做出决策和经营活动行为时，会对监督制衡机制可能的策略反应产生一个相对稳定的预期，而这些预期又同时对决策者与经营者的行为构成激励、约束和控制，并在公司运营出现系统性问题前发现问题并迅速地采取纠正措施。

（二）分权制衡结构理论

分权制衡结构理论是公司治理结构理论的进一步深化，以公司治理与治理组织机构为主要研究对象，认为公司治理与公司组织机构密不可分，公司治理以分权制衡为前提，以公司组织机构为运转基础。公司治理就是公司内部各组织机构在统一的经营目标下的有效运转，各组织机构在行使职权时相互制衡，在公司治理中处于核心位置。

该理论认为，要实现公司治理分权制衡结构的有效运转，第一，要对公司组织机构的设置以及基本权限和职责的分配加以明确规定，并且强制执行，使之成为公司运营的普遍性标准；第二，公司必须具备法人资格，组织机构的存在是成立的必要条件，公司内部事务的运转需要不同的组织机构间的协调运作，外部事务的处理需要明确代表机关；第三，公司治理结构就是对公司权力资源在决策机构和监督机构之间的分配、安排与调试；第四，从实践层面看，公司治理结构表现为在法律许可的框架内对公司组织机构的改革创新，如英美法系国家在董事会中的独立董事制度并保证其独立性的运转机制设置，大陆法系国家赋予监事更多的监督职权的监事会制度。

另外，该理论还明确了公司治理各组织机构设置的分权制衡原则，即在公司法和公司章程的框架下构造公司的组织机构，明确其各自的职权范围，协调相互运作关系，以期实现良好的公司治理目标。

1.2　商业银行监事会制度相关理论

1.2.1　公司监控制度概述

公司监控问题的出现以及相应监控制度的安排是伴随着股份制

公司的出现而产生的。在早期所有权与控制权合一的企业，不存在公司治理问题，对公司进行监控的需求也不突出。伴随着现代企业制度形式——股份公司的出现和快速发展，两权逐步分离，公司内部控制权与剩余索取权等权力出现了由股东逐渐向董事会、经理管理层转移的过程，这不可避免地产生了公司内部人控制问题，在委托—代理关系客观存在的前提下，在向公司实际控制人授予决策权与经营控制权的同时，为了避免公司所有者与实际控制人之间在利益目标上的偏差，防止道德风险，降低代理成本，这样关于如何对公司进行监控的问题就随之产生了。

因此，公司监控是一个比较宽泛的概念，是指有权主体对公司董事与经营者的监督、控制与约束，使董事与经营者能够按一定的规则从事经营活动并规范其行为，最终实现公司利益的最大化。公司监控的有权主体可以是股东大会、股东个体、监事会和董事，也可以由外部市场作为主体来承担对公司的监控。

但为了更好地解决公司的监控问题，有效防止公司两权分离下董事、经营管理层滥用授权，恶意损害所有人的权益，借助有关法律和制度，对经营者等内部控制人的权力与行为进行监督和控制，最优化实现公司、股东与社会利益，在公司治理结构中设计合理可行的内部监督控制就成为股份制企业一种必需的选择，由此产生了关于公司治理结构中监督控制权限，此种权力与决策权、经营执行权一起共同构筑了公司治理结构的基本权利制衡关系框架。

与此同时，为了规范、高效地行使公司治理结构中的监督控制权，就需要作出相应的制度安排，即公司内部监控制度安排，设置适当的机构，通过权利行使主体对公司董事会、经营管理层进行监督制衡与约束控制，使得公司董事会与经营管理层能够按照一定的法定规则对公司进行决策和经营，最终满足并符合公司利益的最大化，内部监控制度成为公司治理中的重要组成部分，同时优化的公司治理结构也必然以内部监控制度的不断完善为依托。

在公司治理结构中，行使监督控制权的主体可以是股东大会、股东个人、监事会，也可以是董事，不同的权限行使主体，相应形成了不同的监控制度安排形式，如监事会制度、独立董事制度等，尽管制度安排形式有所不同，但从内部监控制度设立目标的角度来讲，并没有实质性的差别，都主要起着三方面的作用：一是监督制衡董事会与经营管理层；二是保护债权人权益，这一点对于银行业等特殊行业尤其重要；三是降低代理成本，提高监控效率。同时，内部监控制度中关于监督控制权限行使对象与内容也是固定明确的，监控对象就是董事会与经营管理者，监控内容就是在法律授权的框架内对监控对象行为与经营活动进行监督、检查、约束与控制。相对于股东大会的临时性、股东个人的分散性而言，作为公司治理结构中监控权限的行使主体——监控机构必须是专门的和常设的，这样才能有效发挥出公司监控制度在维护股东与其他相关者利益，保证公司高效安全有序发展等方面的重要作用。

进入 20 世纪以来，随着现代股份制企业的快速发展，以及社会分工、专业化程度的不断加深，信息不对称日益严重，在这种状况下，公司内部监控制度的重要性愈加明显，世界各国纷纷从本国国情出发，以立法的形式确立了本国的公司内部监控制度，并不断加以优化和完善。

1.2.2　公司监事会制度的历史发展

监事会制度最早起源于英国，是作为监督受托责任而产生的。18 世纪末的产业革命，使英国确立了资本主义生产方式，但所有权与经营权两权分离后，对企业监督控制机制的缺失，为企业内部经理层的舞弊行为提供了条件。为了保护广大股东利益，英国议会于

1844 年颁布了《公司法》，正式确立了监事会制度，要求企业设置监事会专门负责行使企业内部的监督控制权限。然而实施初期的英国监事会制度却存在两个主要缺陷：一是监事会组成人员多数不熟悉专业知识，使对企业的监督流于形式；二是监事同时也是股东，与公司存在着直接利益关系，使监事会的监督缺乏客观性和独立性。因此，英国议会多次修改《公司法》，对监事会制度进行完善并最终赋予监事较大的监督职权和独立的身份。

由于政治、经济等方面诸多原因，英国并没有保留和发展监事会制度，而是最终选择了由独立董事行使监督职能的制度安排，但这一内部监控制度安排形式，随后却被德国和法国等大陆法系国家所接受，日本在制定《商法典》时也采用了这一制度安排。德国政府于 1861 年制定了《普通德国法典》，在其法典中设立了监事会条款，并在相关条款中要求董事会在编制财务报表时应接受监事会的审查。但德国初期的监事会制度存在着与英国同样的问题，为此，德国政府在 1931 年颁布了《股票法》，要求大型股份公司、银行和保险公司的年度财务报告应提交经济师审计，再将审计报告呈报董事会和监事会，由监事会综合审查结果后提交股东大会。

1993 年日本在《商法典》中特别引入了监事会制度（监察人制度），公司设立监事（监察人），在规模较大的公司中还设立了会计监事（会计监察人）和业务监事（业务监察人），执行监督控制职能，不同监事之间彼此独立地承担和履行监督权力和责任。为了提高监事会制度的效率，有些公司还成立了由全体监事组成的监事会，但监事会是一个协调性的机构，并不影响和干涉监事履职的独立性，如果监事认为监事会的决议妨碍自己履行职权时，可以无视该决议而自主行动，但是监事必须就其执行职务的情况向监事会进行报告。

日本《商法典》也对监事进行了相应的法律约束，规定：如果由于疏忽大意没有尽到职责时，监事必须对公司负连带损失赔偿的责任。监事如果在行使职权过程中怀有恶意或发生重大过失时，该监事对第三者也应负连带赔偿的责任。①

比较国外公司监事会制度的发展历史，虽然各国国情不同，结构各异，但却具有共同的特点：一是对监事的任职与专业资格都作出了严格的规定，以避免监事会制度流于形式。如英国《公司法》中规定，只有职业会计师才能成为监事，而德国和日本则也较多地依赖注册会计师或会计监事对公司实施审计。二是都很重视监事会制度的独立性。如英国《公司法》中规定，公司的从业人员不能担任监事，而日本《商法典》为了保证监事的独立性，规定监事之间享有独立履行监督的权力和责任。三是都设立了监事会制度的专门执行机构，即监事会为公司内部常设的、专门的监督机构。四是都明确规定了监事应承担的权责内容。如英国法律规定监事在任何时候都有查阅公司会计资料的权限。日本则规定监事如果出现过失，则需负连带赔偿责任。

中国公司监事制度也有较长的发展历史。新中国成立初期，为了调整好经济关系，鼓励私人投资投向有利于国计民生的新型企业，发挥私营企业在过渡时期的积极作用，我国于 1950 年 12 月颁布了《私营企业暂行条例》，“条例”共计 32 条，其中第 21 条、第 22 条的规定中依然保留了监事（当时称为监察人）的相关内容。1956 年对私营经济的社会主义改造完成后，传统的公司制企业在我国消失，经济结构转变成为以公有制为基础的国营企业，监事会制度随之取消。

改革开放以后，党的十四大明确提出建立社会主义市场经济体制，公司立法迫在眉睫。1992 年国家体改委发布了《有限责任公司规范意见》和《股份有限公司规范意见》，首次正式使用了监事和

① 吴金龙：《日本公司监事审计制度及其借鉴》，载《外国经济与管理》，1999（3）。王世权：《德国监事会制度的源流考察及其创新发展》，载《证券市场导报》，2007（6）。

监事会的字样，并对其相应权力进行了规定。1993 年，在借鉴发达国家经验与总结我国实践的基础上，全国人大常委会制定并颁布了《公司法》，正式确立了监事会制度在我国公司中的法律地位，由此形成了董事会、监事会与经理层相互制衡的股份制公司法人治理结构；1999 年，我国又对《公司法》进行了修订，在此法中规范了股份有限公司的监事会制度行使的职权；2000 年国务院发布的《国有企业监事会暂行条例》，2002 年由中国证监会和国家经贸委联合公布的《上市公司治理准则》，进一步扩大规范了监事会制度监督权限范围，明确了其相应的权责。2005 年 10 月，新《公司法》颁布后对监事会制度的监控职责进行了强化，在原有权限的基础上，新增了“罢免权”、“提案权”、“股东会的召集权和主持权”以及“诉讼权”等。至此，我国设计并逐步规范了监事会制度在企业公司治理结构中监督制衡、控制约束的地位与作用。

1.2.3 公司监事会制度理论研究评述

监事会制度自英国起源、德国产生并实践后，伴随 1899 年日本《商法典》、1966 年的法国《商事公司法》以及 1993 年的中国《公司法》对监事会制度的导入，围绕监事会在公司治理结构中的地位、职能等问题的探讨展开，理论上关于监事会制度的研究开始产生并且随着问题研究的深入而逐步丰富起来。

监事在英国称 Auditor，德国为 Mitgliederddes Aufsichtstrats，日本称为监察人。它是通过一定方式行使公司监督权的行为能力者，监事（Supervisor）是监事会（Board of Supervisors）的组成人员。

在各国或地区公司法相关规定中，监事一般是通过股东大会选举产生，但在德国、荷兰和奥地利以及我国《公司法》中还规定一部分监事在公司职工中选出。监事行使监督权的方式主要有两种，一种是以日本、中国台湾为代表的监事单独行使职权方式，在这种方式下监事是以个人的形式行使监督权；另一种则是以德国和我国为代表的监事集体行使职权方式，在这种方式下监事是以监事会的形式集体行使监督权。

各国公司法通常不对监事进行分类，只有日本等少数国家对监事进行了分类，分为常勤监事和外部监事两类，其中常勤监事就是专职监事，这类监事的设置有利于及时、经常性地对公司董事会与经理层的决策与经营活动进行监督。而外部监事则是指在一定期限内非本公司职员的专业人员，外部监事引入的目的是有利于监事独立、客观、公正地行使监督职责。

对于专门行使监督权限的主体监控机构，各国对其称谓也不一致，集体行使监督职权的国家，如德国和中国，行使监督权限的主体机构称为监事会（德国称 Aufsichtsrats），单独行使监督职权的国家，如日本，行使监督权限的主体机构为个人，即为监察人。

在初始阶段，自监事会制度上升到国家法律层面开始，理论关注的重点首先就是监事会制度目标与职能定位的问题。一些学者，如德国的 Renaud、Lehmann、Passow 等认为监事会是公司治理结构中内部的监控组织机构，是独立于董事会的，代表股东大会监督控制董事会业务执行的情况，并且在实施过程中监事会还承担起了代表中小股东利益的功能。进入 20 世纪，经济社会环境的变化，对监事会制度目标与职能定位又出现了新的阐释，如何进一步发挥制度有效性成为理论讨论的重点。

随着研究的逐步深入，对监事会制度研究和关注的视角与深度也在不断拓宽和加深，在不同的阶段也呈现出不同的研究重点。从早期的围绕对监事会结构、运转等影响因素与强化途径的研究，发展到不同制度背景下的监事会制度创新研究；从法律制度安排视角展开的规范论证视角，发展到注意运用实证模型检验的方法。

进入20世纪90年代以来，随着经济社会环境的不断发展变化，理论上对于监事会制度的研究又出现了新的趋势，出现了强调监事会监督控制机制创新导向研究的发展趋势，但在研究重点上却出现了分歧，一些观点认为监事会的监督应该着眼于经营监督机能的发挥，基本任务在于对董事长、董事和高级管理层的监视和监督。而另外一些观点则与此不同，强调必须对相关法律进行修订，以加强监事会的财务监督职能，并且提高上市公司会计信息的质量。这些理论探讨，为研究公司治理制度安排过程中内部监控制度的设计，完善监事会制度的监控机能提供了理论基础，为实践中进一步拓展监事会制度发展空间提供了思路。

随着监事会制度在包括商业银行在内的我国股份制上市公司中的实行，哪些因素影响着监事会制度职能的发挥以及针对这些因素应当如何设计相应的制度形式又成为公司监事会制度理论关注的重点。综合研究者的观点，学者们从提高监事会独立性、弱化政府参与、拓展信息来源等多个角度，运用博弈论、绩效评价等不同的方法对这一问题进行了有益的探索和研究。这些研究有利于从更加广泛的视角来探寻强化监事会制度监控职能的路径，为政策的调整与制定提供了理论基础。

1.3 商业银行公司治理的特殊性与内部监控制度安排

与一般企业相比，商业银行具有很多与生俱来的、明显的行业特性，正是这些特性对商业银行公司治理结构产生了不同程度的影响，由此决定了商业银行公司治理的差异化与特殊化，因此，需要将公司治理理论与商业银行的特殊性有机地结合起来，通过对公司治理结构中商业银行特殊性所体现出来的监督制衡与约束控制关系的研究，确定其公司治理结构以及其系列制度安排，并以此来保证决策权、监控权和执行权的有效性和科学性，从而维护银行与利益相关者的根本利益。

1.3.1　商业银行的特殊性与公司治理

作为经营货币资金的企业，商业银行具有其他行业所不具备的经营特点，正是这些鲜明、独特的行业特性，深刻地影响着银行业的公司治理。

Macey & O'Hara（2001）对银行业的特殊性进行了比较系统的总结，认为银行业的特殊性主要体现在：①银行资产负债结构呈现高杠杆性以及期限的不匹配性，这给银行业带来了严重的脆弱性；②银行业的经营与社会稳定、安全呈现极强的相关性，对社会经济的正常支付与运转影响重大；③政府所采取的存款准备金制度在某种程度上降低了存款人对银行的监督；④随着银行经营规模的扩张与专业化的加深，信息不对称在银行业更加严重；⑤鉴于银行业对社会稳定的影响，政府通常会对银行业进行严格的管制；⑥与其他行业相比，竞争在银行业并不充分。

李维安（2003）认为银行业存在以下特殊性，而正是这些特殊性的不同，导致了银行业在公司治理上存在的差异：①商业银行经营目标的特殊性；②商业银行经营资本结构的特殊性；③商业银行外部市场环境与竞争的特殊性；④政府监管对商业银行产生的特殊性。

曾康霖、高宇辉（2006）将商业银行的特殊性归纳为四个方面：①资本结构的特殊性；②经营对象的特殊性；③经营风险的特殊性；④政府管制。

阎庆民（2005）认为银行业的特殊性主要表现为：高杠杆性、

信息不对称性、风险积聚性与外部影响性。

夏秋、黄冬荣（2005）认为商业银行存在的信息不对称性与政府管制的特殊性，导致严重的逆向选择和道德风险，同时严格的监管也使得产品竞争很难实现。

葛蓉蓉（2007）从八个方面分析了银行业特殊性对其公司治理的影响：①银行业具有脆弱性与管理的正当性；②银行公司治理水平与金融稳定存在高度相关性；③商业银行经营对利益相关者的影响；④银行被动负债下的债权人；⑤产品市场的不充分竞争；⑥信息不对称；⑦银行业间并购成本；⑧政府对银行业的监管。

根据国内外学者对银行业特殊性的研究，可以将商业银行特殊性对其公司治理的影响归纳为以下几个方面：

（1）商业银行经营目标的特殊性。金融中介理论认为商业银行的基本功能在于：作为金融体系中最传统和最主要的金融中介机构，其资源配置的功能就是要确保资金配置到最有效率的领域，但同时，商业银行所具有的脆弱性，又可能引发整个金融体系的危机，并进而会对一国经济的发展造成严重破坏。因此，商业银行的经营目标具有特殊的双重性，既要融通资金，实现效益的最大化，同时又要追求金融风险的最小化。

（2）商业银行资本来源结构的特殊性。与一般企业不同，商业银行资金来源中绝大部分是负债（存款），而银行自有资本比例非常低，这种高比例负债的杠杆结构与股东掌握的投票控制权相结合的后果就是产生了商业银行特有的股东与存款债权人之间的代理问题，即债权人获取的是固定比例的投资回报，而可以获得剩余索取权的股东为了追求高额的风险回报，往往利用手中的控制权偏向高投资风险的项目而侵害债权人的利益，同时商业银行这种低股权与高负债并存的资金结构也为银行内部经营管理者从事高风险项目提供了逆向激励。

（3）商业银行信息不对称的特殊性。相对于其他行业存在的信息不对称性，商业银行资产规模庞大、业务种类繁多、专业化水平更高，所以信息不对称、交易合约不透明在金融行业，尤其在银行业更加严重。而这种严重存在的信息不对称性与合约不透明对商业银行的公司治理有着深远的影响：一是对存款人产生影响，商业银行信息不对称的严重性使得存款人获取信息所付出的成本高昂，甚至不能获得信息，同时也使得存款人通过债务契约合约约束银行董事会与经营管理者的成本变得高昂而难以进行；二是对银行中小股东产生影响，商业银行信息不对称的严重性导致银行经营严重不透明，使得分散的中小股东通过使用投票权激励约束银行经营决策的成本加大而难以执行；三是对银行内部经营管理者产生影响，商业银行存在信息不对称严重性的最终结果，最终形成了商业银行内部经营管理者投资用于高风险项目的动机，并且更严重的是，内部经营的不透明使得银行经营管理者转移财富、攫取私利的行为变得更加快捷、便利，金额和危害也更大。因此，商业银行信息不对称的严重性所导致银行业风险的高隐蔽性和高传染性，使得外部评价和监管变得十分困难，并且成本高昂、效率低下，而且分散的股权结构和债权人行使投票权约束控制商业银行经营管理者变得更加困难。

（4）商业银行经营产品与服务的特殊性。商业银行所提供的业务产品与服务和其他生产经营性企业不同，具有高度的专业性，如贷款的价格不是市场价格，是双方约定的，并且贷款质量要经过长时间的观察；银行特有的资产组合与结构，便于隐藏违约客户和放松管理条件；银行产品与服务的这种特性使得外部人难以评估银行资产组合的真实价值，也使得外部投资者很难了解银行资金运用的真实效益。鉴于银行经营对经济和社会所产生的巨大影响，外部利益相关者与社会因此产生了对商业银行进行监督控制内在的、迫切的需求。

（5）商业银行存款保险制度激励的特殊性。为了有效控制金融风险和提高金融体系的安全系数，各国都建立了比较完善的存款保险制度。政府通过存款保险的形式鼓励存款人将资金存放于商业银行，实际上这是政府承担了道德风险成本，增加了银行经营管理者投资风险，实质上是放大了负债杠杆的负激励。虽然这种道德风险可以通过行业监管（如利率上限、分业经营）而得到缓解，但是只能起到限制银行内部经营管理者过度扩张规模或减少从事高风险投资的效果，并不能从根本上解决问题。因此，只能通过银行公司治理从商业银行内部解决好股东—债权人的代理问题，并起到保护债权人利益和减少银行经营风险的作用。

（6）商业银行所处市场竞争程度的特殊性。与一般企业所面临的产品与竞争市场不同，商业银行所处的金融市场在多种因素的影响下很难达到类似企业产品市场规范和公平竞争的要求，从而相应弱化了外部产品市场所发挥的公司治理辅助功能，使外部监控机制对商业银行的监控制约作用减弱。

（7）商业银行所面临监管的特殊性。鉴于商业银行的发展对于一国经济发展的重要作用，政府对商业银行进行监管是普遍存在的现象，只不过在不同的国家、不同的时期所采取的监管政策或措施有所差异而已，外部监管作为一种重要的外部力量必然会对商业银行的公司治理产生重大影响。

（8）银行业并购成本的特殊性。商业银行之间并购的发生，往往与商业银行经营不善或信用危机联系在一起，并且多发生在金融危机过程当中或之后，这些并购都需要支付巨大的经济和社会成本。因此，商业银行公司治理中所面临的外部控制权市场与并购机制作用的发挥，必须持有特别审慎的态度。

1.3.2　商业银行公司治理的特殊性与内部监控制度安排

商业银行的特殊性决定了其公司治理的特殊性，在所有权与经营管理权相分离的条件下，股东作为商业银行的所有者，这就决定了银行的经营管理必须以追求股东价值最大化为目标，最大限度地实现股东投资的回报，为此就需要在银行内部建立健全组织架构和权力制衡、责任明晰的机制，以切实保护股东权益。但商业银行是经营货币的特殊企业，与一国政治经济状况紧密相连，商业银行的经营管理不仅仅只涉及股东的利益，还与银行员工、客户、供应商、所在地区、政府、监管机构和存款人等其他利益相关者的利益休戚相关，因此，商业银行公司治理结构中对于内部监督制衡与约束控制的制度安排相对于其他类型的企业而言，具有更加重要的作用与意义，这主要表现在：一是商业银行高负债的资本来源结构决定了其公司治理结构中涉及的利益相关者人数众多且分布广泛，因此，需要充分发挥内部监控制度所担负的监督制衡与约束控制的重要作用。商业银行的高负债资本结构，导致控股股东可能会攫取超额利润，承担较高风险的同时，会向债权人等转嫁潜在损失，并且如果资本水平越低，转移风险的逆向激励会越大，动机也会越强。所以，商业银行公司治理结构的重点，不仅要消除股东、董事会和经营者之间的信息不对称，构建优化完善的商业银行公司治理结构，强化对经营管理层的内部激励约束，而且更应该关注存款人和一般债权人的利益，强调风险管理和内部控制的重要性，以及在银行内部进行有效监督与制衡，有效解决银行委托—代理问题与内部人控制问题。

二是商业银行经营目标的特殊性决定了其公司治理目标的双重性，即不仅要实现银行价值的最大化，还应保持商业银行经营的安全性与稳定性，因此，需要充分发挥内部监控制度所担负的实现银行经营安全目标的重要作用。银行经营业务范围与产品服务的特性，使商业银行成为全社会不可缺少的支付体系、清算中心、企业的重要融资渠道，对经济发展和社会稳定发挥着重要的作用。因此，与一般企业公司治理目标是实现公司价值、股东价值最大化相比，商业银行作为国民经济中的特殊行业，除追求自身利益最大化之外，还要关注自身经营的安全与稳健，这关系到宏观经济的稳定和金融体系的稳健，从这个角度讲，银行公司治理结构中对于内部监控制度的安排不仅符合银行自身的需要，而且对于整个社会来讲都具有特别重要的意义。

三是商业银行经营目标、服务范围与资本结构的特殊性决定了商业银行公司治理目标与制度安排，不能仅局限于股东本身，而应更多地关注社会、经济与其他利益相关者的利益，因此，需要充分发挥内部监控制度所担负的对银行风险的控制作用。商业银行的经营状况与发展水平直接关系到国家经济的发展与运行，关系到社会大众的切身利益，其资金运营的安全性与稳健性，更关系到广大存款人、债权人和贷款人的利益，如果商业银行经营发生风险，产生的损失会引起巨大的风险，威胁到社会政治经济生活的各个方面。所以商业银行公司治理要更多地考虑到社会各阶层、经济各方面与其他利益相关者的利益，为此巴塞尔委员会对银行业公司治理的目标设计与制度安排过程中，强调必须解决好以下问题：①确定明确的银行经营目标；②确保每天正常的业务运转；③充分考虑利益相关者的利益；④在司法与监管体系下确保银行安全、稳健地运行；⑤确保储户存款人的利益。

四是商业银行委托—代理关系的特殊性决定了必须高度重视发挥商业银行内部监控制度所担负的解决委托—代理问题的重要作用。商业银行公司治理结构的制度安排主要涉及和解决利益主体、利益主体代表与银行经营主体之间多个层次的委托—代理关系，商业银行的特殊性决定了商业银行在经营管理过程中，其经营要素货币资本在形态上保持不变，而货币资本的保值和增值取决于所有者代表与代理经营者，取决于二者人格化代表——董事与行长经营管理者的专业素质和经营效率。这种特性直接导致了解决商业银行委托—代理关系的重要性，也决定了在其公司治理结构中对董事与经营管理层进行有效监控的内部监控制度安排的重要性。

五是外部治理机制作用的有限性决定了商业银行内部公司治理结构构建的重要性以及在制度安排中需要充分发挥内部监控制度所担负的弥补外部市场软约束的作用。与一般企业相比，商业银行的特殊性所导致的外部治理机制中产品市场、资本市场、并购市场机制作用的发挥都呈弱化性：①不充分的市场竞争削弱了产品市场竞争机制的外部治理机制的基础性作用；②在债权与股权不同的作用下，商业银行特殊的资本结构导致的债权人监督缺位，使资本市场的外部治理机制作用无从发挥；③商业银行的特殊性所导致的巨大并购成本，极大地削弱了并购机制在外部治理机制中的作用。所以在考虑商业银行公司治理结构的制衡约束关系时，必须审慎地看待外部治理机制的作用，审慎地选择和利用外部治理机制，而要明确商业银行公司治理的内部性，要特别注意内部监控制度安排所担负的重要作用。在优化中国商业公司治理结构过程中，特别是在我国所面临的转轨经济和市场体系建设的背景下，需要深刻地认识到这一点，这将对于构建和优化中国商业银行公司治理模式和内部监控制度具有特别重要的指导意义。

综上所述，商业银行作为现代企业的一种组织形式，其公司治理结构与治理原则具有一般企业公司治理的一般性，但是商业银行又是具有特殊性质的企业，这种特殊性不仅来源于银行内部经营管理，更来源于股东与债权人利益的保护与冲突。因此，商业银行公司治理结构首先表现为一整套制度安排，而在这些制度安排之上，体现的是股东所有人与银行经营者之间的利益分配和控制关系，同时也体现了董事会、监事会、经营管理层之间的权利分配及相互制衡关系，这决定了银行公司治理不仅要以股东价值最大化为目标，而且必须要有效防范风险，切实保护政府、监管机构和存款人等其他利益相关者的利益。因此，针对商业银行经营管理活动而进行的系列制衡约束性制度安排，首先要通过划分银行内部公司治理结构，明确股东、股东代表、经理人和其他利益相关人之间权力与责任的分配，达到约束与权力制衡的目的；其次要在制度安排中注意体现出内部监督控制体系、目标设计、模式选择的重要作用，从而充分发挥内部监控制度对银行经营目标、业务运营、相关者利益保障等方面的监督与约束。

第 2 章　商业银行监事会制度的国际比较与国际金融危机的启示

不同的国家由于经济发展道路、政治法律制度与文化传统习俗的差异，形成了不同的商业银行公司治理模式。商业银行公司治理模式实质上是一整套制度安排，并在这套制度安排中体现出在银行所有权与经营管理权分离的条件下，股东与董事会（独立董事）、监事会、经理层之间的权力分配及相互制衡的关系。

商业银行内部监控制度就是为了达到公司治理结构中决策权、监督权与执行权之间权力约束与制衡的目的，在针对银行经营活动的系列制衡性制度中对监督控制权限所作出的选择和安排。因此，内部监控制度是商业银行公司治理结构中的核心制度安排，而监事会制度则是其中一种制度安排形式，监事会则是这项制度安排的权限行使主体，是银行内部最高监督制衡约束机构，监事会制度的核心是对决策者与经营执行者进行有效的激励与约束，以保证其作出最有效率的决策。

作为公司治理结构中的核心制度安排之一，研究比较商业银行内部监控制度离不开银行公司治理结构的整体模式，但是作为专门行使监督控制权限的制度安排形式，商业银行监事会制度又具有其特殊性。为了从公司治理结构整体优化的角度全面把握和分析商业银行监事会制度，本书以国外商业银行公司治理结构模式为基础，从内部监控制度安排的角度对商业银行监事会制度进行了比较和分析。

2.1 商业银行监事会制度的国际比较与分析

从全球范围来看，国外商业银行公司治理结构在长期的实践发展中主要形成了两种不同的模式：第一种是以英国和美国为代表，以外部市场控制监督为基础的公司治理模式，这种模式以外部独立董事制度为其主要标志。在这种模式下，商业银行公司治理结构中仅有董事会作为必设机构，内设一个或多个委员会，由外部独立董事执行内部监督控制职能，治理结构制度安排中并没有选择监事会制度，不单独设立内部监督控制机构，因此，被称为“单层模式”，也称之为“外部型模式”或“市场主导型模式”；第二种是以德国和日本为代表，以股东和其他利益相关者掌握监督控制权的内部监督控制治理模式，在这种模式下，商业银行公司治理结构内部监控制度安排选择了监事会制度，单独设有内部监督控制主体，即设有监事会，由监事会监督控制董事会与经营管理层，称之为“双层模式”，也被称为“控制导向型模式”或“管理型治理模式”。

2.1.1 双层模式下的国外商业银行内部监控制度

德国、日本等国商业银行所选择的监事会制度，在其公司治理模式中一般都侧重于利用内部监控制度进行监督约束，而较少依赖于外部约束控制市场，效仿德国、日本模式的有瑞典、比利时和挪威等国的商业银行。

（一）德国商业银行的监事会制度

德国商业银行的公司治理结构实行的是典型的双重委员会制度，

在公司治理结构中设有股东大会及董事会两个组织机构，董事会划分为两个层次，即设有监事会和管理董事会，监事会由股东代表、雇员代表和独立董事共同组成，是银行的核心机构，与日本不同，德国商业银行的监事会规模庞大，与管理董事会并不是平行的关系，监事会在双层委员会结构中处于主导地位，有权监督管理董事会，任免管理董事会成员，管理董事会负责日常经营管理活动。因此，德国商业银行的公司治理结构实质上是一种上下层的双层模式，监事会为上层机构，管理董事会为下层机构。

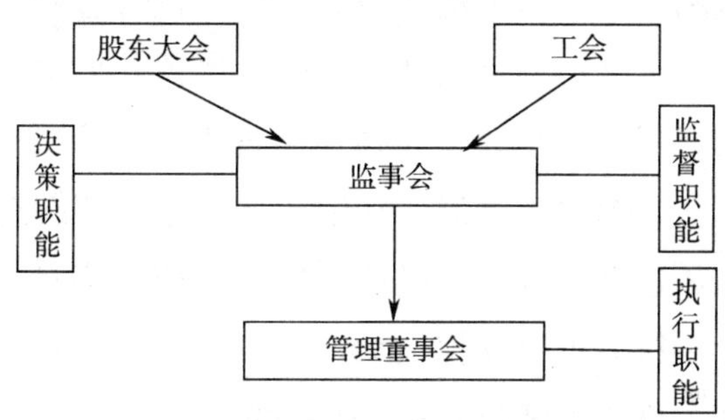

图 2－1　德国商业银行公司治理结构

居于主导地位的德国商业银行监事会，其主要基本职责是：①与管理董事会一同维护银行的长期稳健经营；②对银行长期经营管理战略进行决策，并对管理董事会的日常经营活动进行监督和控制；③任免管理董事会成员；④委托审计师对银行财务报表进行审计；⑤监事会成立主席委员会、审计委员会、借贷委员会、风险委员会和调解委员会等各类专业委员会具体负责对经营管理层与业务经营活动进行管理。从德国商业银行监事会的职责来看，监事会实质上是商业银行的实际控制主体。

德国商业银行监事会也有其特点：第一，在监事会人员组成结构比例上，半数代表由股东选举产生，并通过股东大会推选，另外半数代表由雇员选举，其中 2/3 的代表是银行雇员，1/3 的代表是工

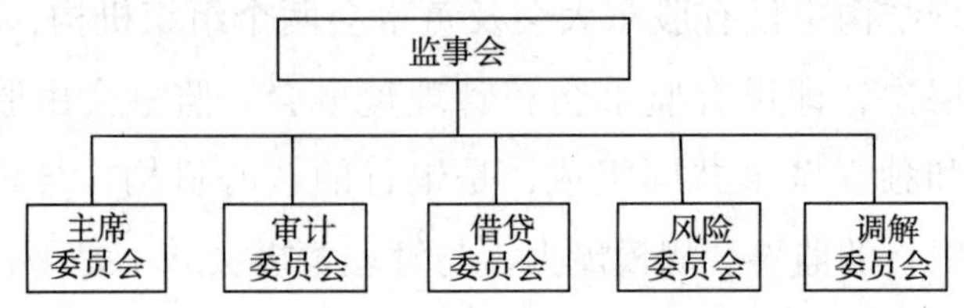

图 2-2 德国商业银行监事会运转结构

会代表，银行职工选举代表进入监事会，实现其参与银行经营管理的“共同决定权”，是德国商业银行公司治理结构的显著特色，这在一定程度上缓和了劳资双方的矛盾，保证了银行经营的合理性与效率性，提高了职工劳动的积极性，但这一特色效果也常常由于职工代表被银行高级经营管理人员出任而出现折扣；第二，监事会主席由股东代表担任、副主席由雇员代表担任，主席拥有选举权和决定性的投票权，从这个角度讲，股东实质上对监事会具有控制权；第三，德国商业银行监事会规模较大，为了保证其监督控制的独立性与效率，外部监事在监事会中占有较高的比例。

表 2-1 2009 年德国五大商业银行监事会、董事会结构

银行名称	监事会			董事会	
	内部监事	外部监事	外部监事占比	内部董事	独立董事
德国商业银行	10	13	57%	10	0
德意志银行	11	9	45%	7	1
裕宝银行	18	6	25%	9	0
德国邮政银行	5	18	78%	9	0
西德意志银行	7	16	70%	7	0

资料来源：赵勇：《商业银行法人治理研究》，北京，中国金融出版社，2010。

德国商业银行管理董事会的委员由内部执行董事担任，负责银行的日常具体经营活动，其实质类似于商业银行的经营管理层。

（二）日本商业银行的监事会制度

不同于德国商业银行上下层的双层公司治理模式，日本商业银行是实行监事会制度的典型国家，但采取的是双层平行的公司治理结构，即同时设立董事会与监事会，两套机构相互独立、平行并列，监事由股东大会选举产生，实行对董事会的业务监督和财务监督。日本是于 1993 年在《商法典》中特别引入监事会制度（监察人制度）的，公司设立监事（监察人），执行监督职能，不同监事之间彼此独立地承担权力和义务。为了提高监事会制度的效率，规模较大的公司还成立了由全体监事组成的监事会（监察人会），但监事会只是一个起到协调性作用的机构，并不影响和干涉监事的独立性。日本商业银行监事会拥有下列职权[①]：①解任会计监事与选任临时会计监事权。②决定监督事项。监事会可以通过决议决定监督方针、调查银行业务及财务的方法及其他有关监督事项，但监事会并不妨碍监事职务的履行，如果监事认为监事会的决议妨碍自己履行监控职权时，可以无视该决议而自主采取行动，但是监事必须就其履行职务情况向监事会进行报告。③听取董事报告权。董事负有向监事会报告的义务。④受领董事提交文件权。董事应向监事会提交报告书等文件及附属明细表。同时《日本商法》也对监事进行了相应的法律约束，有关条款规定：如果由于疏忽大意而没有尽到职责时，监事必须对公司负连带损失赔偿的责任。监事如果在行使职权过程中怀有恶意或发生重大过失，该监事对第三者也应负连带赔偿责任。

日本商业银行公司治理结构在形式上虽然同时采取了监事会制度与董事会制度并行的制度设计，但实质上日本商业银行是决策权

---

① 《日本商法》对监事会制度进行了数次修订，而每次修订后监事的作用、地位与监控范围也都在发生着改变。参见：吴金龙：《日本公司监事审计制度及其借鉴》，载《外国经济与管理》，1999（3）。

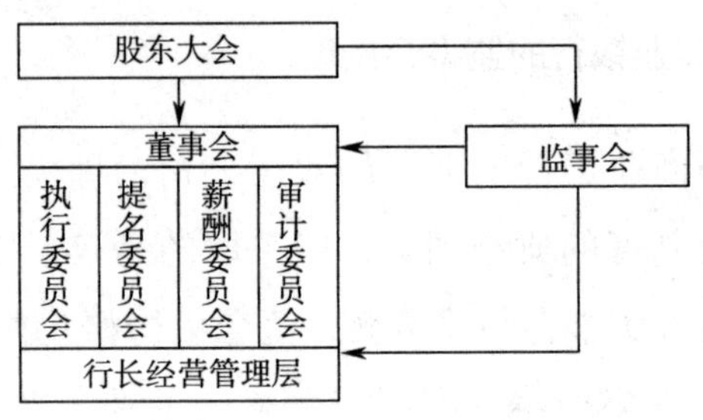

图 2－3　日本商业银行公司治理结构

与执行权高度合一的公司治理结构，真正控制银行的是银行内部的高级经理人员，其原因在于：第一，董事会成员是由银行经营管理层决定的，因此，大部分董事会成员是由银行内部经营管理层人员担任；第二，监事是由银行董事会提名的，因此，这必然影响了监事监督的客观性和公正性，使监事会在现实中很难摆脱董事会的影响，难以发挥出独立的监督控制作用，对银行董事会所起的监督作用不大，只能履行一些较为具体的职责。

在这种机制安排与运转效果下，日本商业银行董事会制度与监事会制度的职能设置与作用的发挥其实都是弱化的，尤其是监事会制度的监督控制性更是无从谈起，正是基于这一原因，日本商业银行放弃了传统的监事会制度，转而选择了独立董事制度为主体的董事会制度这一制度安排，希望以此为突破口来加强和强化商业银行的内部监督与约束。1998 年，根据《日本公司治理原则》提出的新的公司治理结构，日本企业不再同时设立董事会与监事会，而是取消监事会，选择并强化了独立董事制度。2002 年，日本又颁布实施了《日本商法》允许企业自主进行选择，可以继续保留或取消监事会，该规定出台后，如日本新生银行、邮政银行、大和银行有限公司、三井住友金融集团、瑞穗金融集团等均改为在董事会中设立审计委员会，而取消了监事会制度。

综上，日本、德国等国的商业银行所选择的监事会制度，体现在公司治理结构中的内部监控制度安排上，最大的特点就是内部的监督制衡性，这种特点的优势在于可以在不改变产权基础的前提下，通过监事会制度的有效运转，可以将委托—代理的矛盾与银行经营的失误在公司治理结构内部加以有效地解决和纠正，但是外部约束控制机制与环境的缺乏，却无法使委托—代理问题得到根本性地解决。

2.1.2 单层模式下的国外商业银行内部监控制度

没有选择监事会制度的国外商业银行，对其公司治理结构中的监督制衡、约束控制问题作出了另一种制度设计和安排，就是以美国、英国的商业银行为代表的单层公司治理模式，采取这种模式的国家还有法国、意大利等国的商业银行。

采取这种模式的商业银行绝大多数采取股份制形式，并且大部分是上市公司，在公司治理结构制度安排中除股东大会外，仅有董事会作为必设机构，所有董事会成员由股东大会选举产生，并对股东大会负责，没有单独设计行使监督控制职能的监事会制度，而是将监督控制的绝大部分权力委托给了银行董事会中的外部独立董事来行使，实行的是以独立董事为核心的董事会制度，即以董事会为中心来行使银行的决策权与监督控制权，是决策与监督的统一，由此形成单层的决策监督控制模式。

这种单层模式的公司治理结构设计与安排的特点，使得董事会的质量成为决定商业银行经营业绩与前途命运最为关键的因素。因此，为了保证银行董事会决策的科学性、独立性与监督控制的有效性，独立董事制度在公司治理结构中发挥着至关重要的作用，为了确保这种制度的有效性，往往在实行单层治理模式的公司治理结构安排中，通过董事会成员结构中外部独立董事占有绝对数量的比例，确立由外部独立董事推选董事会成员运转机制等制度设计，来保障

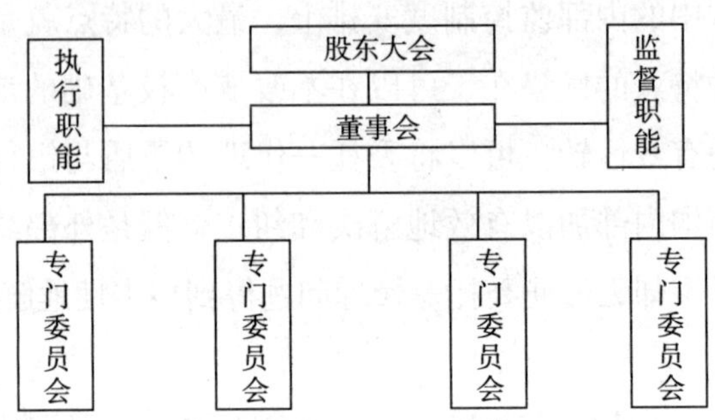

图 2-4　美国、英国的商业银行公司治理结构

和强化独立董事的地位与作用。本书将在第 7 章中，对独立董事制度进行详细论述。

2.1.3　国外商业银行内部监控制度的比较与分析

从总体上讲，监督制衡、约束控制职能是公司治理结构模式构建的基础内容之一，无论设计和选择何种制度形式，构建商业银行内部监控制度的实质都是相同的，都是力图通过安排内部监控制度及其机制的有效运转来监督银行董事、董事会和高级管理人员，弥补外部监督约束控制条件的失灵，有效解决银行内部人控制与控制银行经营风险等问题。

（一）英、美等国的商业银行单层治理模式下内部监控制度比较与分析

具体来看，英、美等国的商业银行采取独立董事制度作为其公司治理结构中承担监督控制职能的制度安排，是基于以下背景和条件的：第一，英美等国是个人主义和平民思想较重的国家，全民参与式的竞争性选举和社会利益集团的普遍存在，促使了经济权力的分散化，其结果是大量投资者直接参与投资，导致这些国家商业银

行的股权结构高度分散化，并且处于高度流动状态。如截至 2009 年末，美国银行（Bank of America）第一大股东持股比例仅为 4% 左右，花旗银行（Citibank）第一大股东持股比例仅为 4.93%。同时美国银行的持股主体也极其分散，如美联银行（First Union）9.8 亿股股份被 147000 个股东持有，花旗银行 33.67 亿股股份则被 97500 个股东所持有。[①] 这种特殊的股权与持股结构客观上弱化了股东与股东大会的力量，大股东对银行的控制力较弱，在商业银行内部易形成严重的内部人控制问题。

表 2-2　　2009 年美国五家大银行的最大股东及股权比例

银行名称	股东名称	股份比例（%）
Citigroup Inc.	ABU Dhabi Investment Authority	4.9
JP Morgan Chase & Co.	Blackrock INC.	5.91
Wells Fargo & Company	Berkshire Hathaway INC	6.46
Suntrust Banks Inc.	Suntrust Bank	5.80
Keycorp	FMR LLC	9.91

资料来源：Bankscope：《全球银行与金融机构分析库》。

第二，英、美等国的商业银行的经营运转透明度较高，财务、审计手段完善，对上市银行信息披露的要求也比较严格，具有比较完善的立法与执法机制。

第三，英、美等国拥有健全的股权保护法律制度和高度发达的外部约束市场，特别是资本市场，通过市场上各种类型的持股人股票买卖、市场上公司接管与兼并等形式来参与银行重大问题的决策，并间接对银行管理者产生有效的选择、监督和激励。

英、美等国的商业银行选择内部监控制度需要解决公司治理结构中的主要问题与矛盾也有其特殊性：为了在激烈的市场竞争中取得优势，英美等国商业银行通过不断强化董事会在银行经营中的权

① 郑先炳：《西方商业银行最新发展趋势》，北京，中国金融出版社，2001。

威性，以占有更多的市场份额、降低成本、提高经营效率，但在股东大会形式化的条件下，这种趋势所导致的银行内部董事和高级经营管理人员滥用职权的可能性却相应急剧增加。另外，这些国家的商业银行中职业经理人同时担任董事长又兼任首席执行官，集决策权和执行权于一体的现象非常普遍，这种做法弊端更加明显，更易形成独断专行，不利于董事会对银行高级经营管理层的约束与控制，最终导致形成内部人控制银行重大决策活动的局面。因此，如何进一步优化公司治理结构，加强对银行董事和经营管理人员的监督，防止银行内部管理层滥用权力，损害全体股东利益，成为英、美等国的商业银行在进行内部监控制度设计和选择时需要权衡的主要矛盾和焦点问题。

基于以上目标，英、美等国对商业银行董事会制度进行了改革，对董事和管理层等“内部控制人”进行有效监督、控制和约束成为制度设计的重中之重，所采取的措施就是引入外部独立董事制度，通过对董事会制度外部化这一方式，加强银行董事会的独立性，强化董事会的监督与控制职能，并在董事会内部设立主要由独立董事构成的各类专业委员会，包括执行委员会、审计委员会、薪酬委员会和提名委员会等，负责具体实施对银行董事和经营管理人员的监督与控制。

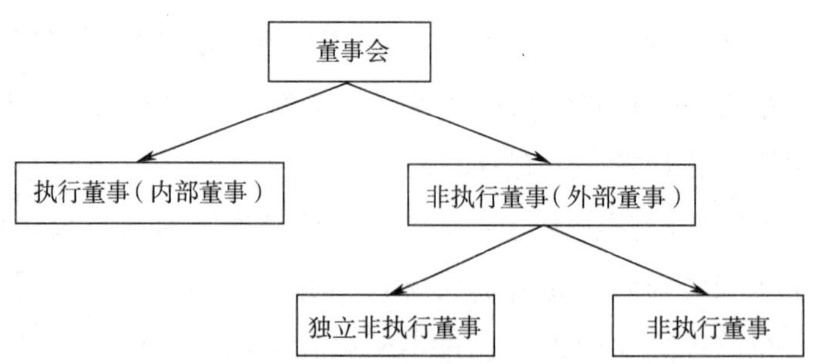

图2-5　美国、英国的商业银行董事会治理结构

表 2-3　　2009 年美国五大商业银行的董事会结构

单位：个人

银行名称	内部董事	外部董事
Citigroup Inc.	2	15
JP Morgan Chase & Co.	1	10
Wells Fargo & Company	1	16
Suntrust Banks Inc.	1	13
Keycorp	2	10

资料来源：以上数据根据各行 2009 年的年报整理。

从英、美等国的商业银行对董事会制度的改革和引入独立董事制度的目的来分析，这种改革实质上是在董事会制度内部形成一种主动性、可实践性的监督控制体系，扩大了对银行经营管理的监督控制范围，增强了监督力度，同时又解决了董事会既行使经营决策权，同时又行使监督权双重角色相互冲突的问题。但是独立董事作为董事会的组成人员，接近银行经营管理层，能否真正做到独立，能否较好地保证董事会的独立性，较好地履行其监督控制职能一直饱受争议，如 2001 年以来接连不断涌现出的安然公司、世通公司的假账丑闻，其商业银行等金融机构也在始于 2007 年的金融危机中充分暴露出了问题。

综上所述，英、美等国的商业银行单层公司治理模式下的内部监控制度，是一种依赖于外部约束控制权市场的制度安排，这种特点可以对经营者产生持续的压力，有利于股东利益的保护，但是银行内部直接监督控制力量的缺乏，却易导致银行经营管理者等内部人风险过度扩张的行为得不到有效而及时的约束与控制，这对于商业银行这一特殊行业而言，是其公司治理结构体系中存在的最大弊端。

（二）日本、德国等国的商业银行双层治理模式下内部监控制度比较与分析

日本、德国的商业银行在进行公司治理结构的内部监控制度设

计时，面对着完全不同的基础条件：第一，日本、德国等国的集体主义思想较重，社会追求对公民的长期承诺，结果形成商业银行股权结构集中程度很高，并且各银行法人之间相互持股并拥有表决权。在德国，商业银行甚至可以作为代理人替股东投票行使表决控制权。第二，日本、德国的商业银行比较注重银行的长远利益，强调内部各方利益相关者的协调与合作，而外部约束控制权市场对这些国家商业银行公司治理的影响则较弱。

表 2－4　　2009 年德国十家大银行的最大股东及股权比例

银行名称	股东名称	股份比例（%）
BHF－Bank AG	Oppenheim Beteiligungs－AG	100
DAB Bank AG	Unicredit Bank AG	100
GE Capital Bank AG	General Electric Company	100
ING－Diba AG	Unicredit SPA	100
SEB AG	Skandinaviska Enskilda Banken AB	100
SKG Bank AG	Deutsche Kreditbank AG（DKB）	100
Unicredit Bank AG	Unicredit SPA	100
Bankhaus Reuschel &Co.	Allianz SE	97.5
Bankhuas Lampe KG	Dr. August Oetker KG	75
NetBank AG	Landesbank Berlin AG	74.99

资料来源：Bankscope：《全球银行与金融机构分析库》。

表 2－5　　2009 年日本五家大银行的股东及股权比例

银行名称	股东名称	股份比例（%）
日本足利银行	Ashikaga Holdings Co. , Ltd.	100
大阪银行	Resona Holdings, Inc.	100
集成信托株式会社银行	Mitsubishi UFJ Financial Group, Inc.	100
大和银行	Resona Holdings, Inc.	100
大和银行有限公司	Deposit Insurance Corporation of Japan	64.77

资料来源：Bankscope：《全球银行与金融机构分析库》。

就日本、德国等国的商业银行而言，集中型的股权结构是其公司治理结构的主要基础特征，因此，控股股东可以凭借自身的优势地位，选择代表自身利益的董事会成员和高级经营管理层，从而控制银行经营，防止内部人控制问题的产生。在这种情况下，实现银行所有权与经营权的切实分离，平衡大股东与中小股东以及其他利益相关者之间的利益，防止大股东侵犯其他股东与利益相关者的利益是这些国家商业银行进行内部监控制度安排时需要解决的主要问题与矛盾。

基于这一目标，日本、德国等国在商业银行公司治理结构的制度安排上采取了监事会制度，将监督控制银行经营管理者、防止大股东滥用权力的双重监督制衡权力赋予了监事会，这样，在对银行经营管理者进行监控的同时，也减少了大股东直接影响干涉银行经营的程度与可能性。同时，通过股东代表只能进入监事会而不能进行银行经营管理层的制度设计，管理董事会无须直接对股东大会负责，有利于实现公司所有权与经营权的真正分离。

从日本、德国的商业银行内部监控制度分析，这种制度安排客观上强化了监事会制度的独立性，不仅有利于对银行经营管理层的监控，还有效隔离了大股东对银行内部经营的影响与干涉，促进了银行所有权与经营权的分离，较好地发挥了监事会制度的有效性，但在制度运转中也存在着信息不对称的弱点。

（三）不同公司治理模式下商业银行内部监控制度的发展趋势

除了以上两种基本公司治理模式之外，还有以家族控制为特征，将许多发展中国家如东南亚等国划分为所谓的家族治理公司模式，其特征为：一是大多数企业被家族所控制；二是家族控制通常以股权金字塔、横向持股等方式进行。但自 1997 年东南亚金融危机以来，充分暴露出这种模式本质上的私利性和脆弱性等缺陷，现在这种模式正在发生着根本性的转变，从其公司治理结构改变趋势来看，这种变化实质上是逐渐向“英美”模式靠拢的，因此，可以将这种模式归入英美单层模式之列。

综上，世界各国商业银行公司治理的实践说明，无论是单层模式下的独立董事制度，或是双层模式下的监事会制度，这两种制度在基本职能与目标上并没有本质的差别，都是银行内部实现监督制衡与控制约束所选择的一种制度形式，都是为了弥补外部监督约束条件的不足，为实现银行利益最大化而服务的。但在不同的国家、不同的发展时期，商业银行内部监控制度的选择与设计却受到所在国的股权结构、政治经济制度、金融体系、法律基础、文化背景的制约，是历史路径发展的产物。从总体上看，如果所在国商业银行外部监控力量较强，银行内部监控机制的设置可以相对简化，从而有利于降低监控成本；相反，如果外部监控力量弱小，内部监控机制的设置则应强化，以防止银行公司治理结构监督制衡的失效。因此，商业银行内部监控制度的安排实质上是一个内外相互弥补的系统工程，是基于本国实际情况所作出的一项制度选择。

当然，这种公司治理结构与制度安排也是一个动态发展、不断调整的过程，具有相对有效性的特性，即使在同一国家的不同发展时期也会呈现出不同的发展趋势与变动特点，如在英美等国，随着机构投资者力量的不断壮大，逐渐向主导性投资者发展，在商业银行经营事务的影响与参与也越来越大，监督制衡银行内部经营管理层的意愿也越来越强；而在日德等国的商业银行，外部监督控制市场力量与作用也在增强，对信息披露的要求也在逐步提高。

这些变化与发展趋势，都要求各国根据本国的经济条件、法律环境等状况的变动，及时调整和优化商业银行的公司治理结构并作出相应的制度安排。如近年来随着全球经济一体化趋势的加强，各国商业银行公司治理的外部环境条件与内在基础都发生了巨大的变化，各国商业银行的公司治理结构与内部监控制度安排也在不断进行调整，出现了一定程度的融合趋势，如美国在安然公司事件后颁布了《萨班斯—奥克斯利会计标准法案》(*Sarbanes-Oxley Accounting Standards Act*)，强化了上市公司包括商业银行审计委员会的监督控制职权，该委员会享有广泛的财务稽核权、内部风险检查权，在形式上将董事会下属审计委员会发展成为类似于监事会的专门监督控制机构。与此同时，一些国家也开始借鉴英美法系的独立董事制度来优化上市公司的内部监督机制。如日本于 2002 年开始，以优化、完善公司治理结构为目标，对其商法进行了两次较大规模的修订，此后包括商业银行在内的日本公司治理结构在自身组织机构设置与内部监控制度安排上出现了灵活化的、自治性的发展趋势，包括商业银行在内的企业拥有了比较充分的制度自主选择权。

因此，在世界各国商业银行中并不存在唯一最优的公司治理结构与制度安排，在各国经济、法律体系、社会和文化等诸多因素的共同影响下，商业银行公司治理结构的产生和发展也不尽相同，并会在各种因素的综合影响下进行动态的调整与优化。对于中国银行业公司治理结构优化进程而言，商业银行所选择的内部监控制度有效与否，不在于形式上的单层或双层，制度的有效性必须要结合我国经济发展、法律制度和文化传统等方面存在的现实影响，以公司治理的职能本质与基本目标为主线，优化公司治理结构的核心内容并作出相应最优的制度安排与选择。

2.2　国际金融危机与商业银行公司治理

相对一般企业而言，商业银行作为经营货币资金的特殊行业，良好的公司治理结构的影响与作用更为重要。在 20 世纪 90 年代中期之前，商业银行多是承担其他企业公司治理结构组成部分的角色，主要是以企业监督控制机制的角色而出现的，日本的主银行制和德国的全能银行制就是其中典型的代表。但是自1997年东南亚金融危机开始，特别是始于2007年的国际金融危机，使得商业银行自身的公司治理结构问题引起了全世界各国的普遍关注和重视。

2.2.1 金融危机冲击下的商业银行公司治理问题

金融危机的发生，特别是始于2007年美国次贷危机所引发的国际金融危机，其中固然有政府金融监管不到位、法律机制不完善、评级中介机构不独立等外部因素的影响，但深入到金融机构个体去分析，危机中充分暴露出了商业银行等金融机构在公司治理结构中存在严重的问题，可以讲危机的实质就是各金融机构公司治理的危机，正是源于各金融机构公司治理结构的内在缺陷，导致了风险的累积与爆发，并通过金融市场向全球经济、实体领域进行扩散和传播。

就银行业而言，商业银行在国际金融危机中暴露出来的公司治理问题，根本原因在于其公司治理结构优化的严重滞后与银行规模快速扩张、业务经营多元化快速发展之间的矛盾。随着商业银行资产规模的不断扩张，业务种类繁多、创新手段多样，专业化水平的加深，信息不对称、交易合约不透明在金融行业，尤其在银行业十分严重，这使得商业银行传统的公司治理结构在银行内部管理、风险控制等方面遇到了极大的挑战，特别是在大型多元化经营的银行集团，这种规模扩张、服务创新与公司治理结构优化之间的矛盾就表现得愈加突出和明显。

这种矛盾性首先表现为商业银行公司治理结构中独立董事与董事会难以有效担负起内部监督制衡与约束控制的职能。董事会是公司治理结构的核心，在银行规模、业务快速扩张的同时，董事会应当承担起更加重要和广泛的决策与监督职能，尽管英、美等国商业银行的独立董事制度已经发展得比较成熟了，但此次国际金融危机却充分暴露出了传统的以独立董事制度为核心的董事会制度难以担负起对风险进行及时发现、适当评估与全面控制的制度性缺陷，实际上董事会反而在决策监督过程中疏于或放松了对风险的防范，放任了银行实际控制人（董事与银行高级管理层）在利益驱动下追求短期利润最大化，加快和加深了危机的影响与后果。

其次，表现为商业银行内部人控制问题并没有得到有效的控制和解决。英、美等国的商业银行高度分散、流动化的股权结构，造成股东大会虚置，大股东对银行控制力较弱的格局，另外在这些国家商业银行治理结构中职业经理人往往担任董事长的同时又兼任首席执行官，集决策和执行于一体的现象非常普遍，这在一定程度上削弱了董事会对行内经营管理层的约束控制力，在这两方面共同作用下形成了内部人实际控制银行重大经营决策活动的结果，导致董事会制度难以对银行内部人进行有效的约束与控制。

再次，表现为不对称的激励机制与内部控制结构的软约束，使商业银行内部实际控制人的短期投机行为盛行，盲目从事高风险的投资经营活动。发达国家的商业银行大多都对其高级管理层实施收益分红与期权鼓励的激励制度，但是在公司治理结构中却并没有设计针对银行业经营特殊性，可以兼顾银行长期发展有效的内部监督约束制度。这种严重不对称的激励与约束机制使得商业银行内部高级管理层所获取收益与承担风险之间极度不对称，反而诱发了高级管理层等内部实际控制人的短期投机行为，以金融产品创新的名义，过度从事高风险业务，而对潜在的风险视而不见，这最终危及了银行的长远发展与价值最大化的目标。

最后，表现为严重的信息不对称与不透明的披露制度，降低了公司治理结构运转的有效性。商业银行公司治理结构的有效性是建立在充分、透明的信息披露基础之上的，但商业银行经营的专业性、产品的不透明性，以及设计复杂的金融衍生品，导致银行与金融监管机构、投资者与社会中介机构之间存在严重的信息不对称，使得内部监控制度失效，金融监管机构缺少信息难以实施有效的监管，投资者与社会中介机构也难以客观评价银行风险状况和风险管理水平。这种状况导致一些银行金融机构，利用信息优势违规经营，人为扩大风险。如在此次国际性金融危机中，一些金融机构利用表外业务信息披露制度的不完善，为规避新巴塞尔协议中的有关规定，将大量业务转到表外，以掩盖经营风险。

2.2.2 金融危机背景下的商业银行公司治理规范

金融危机的不断发生，使得商业银行自身的公司治理结构问题受到了各国的反思，特别是此次国际金融危机后，世界各国更加深刻地认识到包括商业银行在内的金融体系的稳健与安全是与本国的经济发展、政治稳定紧密相关的，而良好的、不断优化的公司治理结构是商业银行可持续发展与稳健经营的制度性保证。为此，国际银行业在历次金融危机后，都总结经验与教训，出台了一系列文件与制度，规范商业银行公司治理结构的优化路径，加强银行自身的公司治理结构建设。

1997 年东南亚金融危机后，巴塞尔银行监管委员会（以下简称巴塞尔委员会）颁布了《利率风险管理原则》（1997）、《银行机构内部控制制度框架》（1998）、《增强银行的透明度》（1998）和《信用风险管理原则》（1999）等一系列文件，强调了商业银行公司治理优化的重要性，认为一个安全稳健的商业银行公司治理结构应该包括以下内容：①公司的价值准则、行为规则与其他行为适当的标准，以及相应的实施体系；②明确的公司策略；③清晰的职责和决策权限，包括建立从经办人到董事会的审批等级体系，董事会与高级管理层、审计机构之间的交流和合作机制；④强有力的内部监控体系与制度，根据内部和外部的审计职能，建立独立于经营体系的风险管理职能和其他监督制衡制度；⑤对有可能产生较大利益冲突的风险进行特殊监控，包括与关联贷款人、大股东、高级管理层或公司内部重要的决策人（如交易员）的业务关系；⑥对高级管理层、经理和雇员的激励机制，包括经济上和管理上的各种激励；⑦公司内部适当的信息流动渠道和对外信息披露制度。

特别在 1999 年，巴塞尔委员会针对商业银行公司治理结构优化问题发布了《加强银行机构的公司治理》(*Enhancing Corporate Governance for Banking Organization*)，总结了银行优化公司治理结构的经验，强调了银行安全稳健性与结构优化之间的密切关系，从而将银行公司治理结构优化问题推到了前所未有的历史高度，成为银行公司治理的纲领性文件。

《加强银行机构的公司治理》主要从七个方面明确提出了优化商业银行公司治理结构的内容：

①确立并且贯彻全行的战略目标和价值准则。为此，董事会必须制定指导银行经营活动的战略目标与根本方针，为自身、高级管理层和雇员确立价值准则，禁止外部交易和内部往来活动中的所有腐败和贿赂行为。董事会必须确保高级管理层切实执行政策，禁止其有损于公司治理质量的行为或关系。银行必须建立有效的执行程序使董事会能够监控管理层的行为与既定政策相一致，并确保违反政策的行为能够被报告给相应的管理部门。

②全行各岗位的职责界定得到明确并实施。有效的董事会应建立在清楚地界定自身和高级管理层的权力和责任之上。高级管理层为各层级的银行管理人员界定职责，但必须以银行经营业绩向董事会负责。

③确保董事会成员称职。董事会对银行经营的安全性与稳健性负有最终责任，董事会成员应当清楚理解自身在公司治理中的角色，并且不受管理层或外界的干扰。董事会成员必须及时地对管理层的表现作出独立判断，为管理机构制定战略提供指导，为其经营管理提供专业性意见。

④确保高级管理层实施有效的监督。高级管理层是公司治理结构的关键部分，其成员必须有相应的技能以使银行的经营处于其控制之下，同时应当管理好相应领域的重要雇员。

⑤充分认识监督审计的重要性并且有效发挥内外部监督审计人员的作用。如果能做到以下几点，能有效增强对董事与高级管理层的监督与控制力：一是充分认识监督审计的重要性；二是增强监督审计的独立性；三是及时有效地使用监督审计成果；四是及时评估内部监督审计的有效性，纠正发现的问题。

⑥确保薪酬激励制度与银行的道德观念、经营目标和战略以及外部环境相一致。如果薪酬激励制度与上述各因素缺乏联系会导致银行经营管理人员以短期利润来衡量业绩，而不考虑银行经营的长期风险。董事会应当审批高级管理层和其他重要管理人员的薪酬，并确保其与银行的企业文化、目标、战略和控制环境相一致，以确保这些银行高级管理人员为银行利益最大化服务，避免管理人员薪酬过分依据短期绩效。

⑦保持公司治理结构的透明度。如果缺乏透明度，股东、交易双方和普通公众将难以有充分的信息来源判断银行董事会和高级管理层的经营管理的有效性。银行披露的信息应包括：董事会结构（规模、成员、资质和委员会），高级管理层结构（责任、资质和经验），基本组织结构（经营结构、法律结构），银行激励机制的信息（工资政策，管理人员的报酬、奖金、期权），关联方交易的性质和内容。

2006 年在原《巴塞尔资本协议》关于银行公司治理要求的基础之上，巴塞尔委员会重新修订了《加强银行机构的公司治理》文本，明确了商业银行公司治理结构优化的八项原则：①设立清晰的银行战略目标；②确立银行价值至上的理念；③全行各岗位的权责界定明确并得到实施；④确保董事会成员胜任其职并能独立工作；⑤确保董事会对高级管理层、高级管理层对其下属的有效监督；⑥充分发挥内部与外部审计人员的监控作用；⑦确保薪酬制度与银行的价值理念、经营目标和战略以及管理环境相一致；⑧增强银行治理状况的透明度。

2007 年美国次贷危机所引发的国际金融危机，使得各国对于现行银行业体系所暴露出来的公司治理结构的脆弱性与缺陷性有了进一步的认识。2009 年巴塞尔委员会再次召集全球银行业监管当局研究解决国际金融危机背景下所暴露出的银行公司治理结构缺陷问题，并着手对 2006 年《加强银行机构的公司治理》文本进行再修订。

此外，其他一些政府、部门和组织，如 2009 年，英国政府发布了《英国银行与其他金融实体公司治理报告》(*Walker Report*)，Nestor 咨询公司发布了欧洲最大的 25 家银行公司治理问题报告，国际银行协会也对金融机构的公司治理和风险管理提出了专门的报告。

2.3　国际金融危机对中国商业银行监事会制度的启示

2.3.1　金融危机与中国商业银行公司治理结构优化

此次国际金融危机暴露出国外商业银行等金融机构在公司治理

结构方面仍然存在很多问题和缺陷，但危机却也从反面为中国银行业加强公司治理，优化公司治理结构指出了方向，提出了启示。

1. 要努力提高董事履职水平，充分发挥董事会的治理作用。董事会是公司治理结构的核心，董事的职业操守、能力与水平则决定了董事会运转与履职的有效性，金融危机的经验与教训表明，董事会治理的缺位、董事的严重失职，是导致美、英等国金融机构陷入困境的重要原因。因此，必须不断强化董事会在公司治理结构中的核心地位，明确划分董事会主席与行长管理层之间的职责分工，增强董事会在战略指导、风险管理、控制和约束等方面的职能；完善董事的科学聘任机制，不仅要对董事的专业水平与能力提出要求，而且要确立对董事操守与品德的要求。

2. 建立与银行根本利益相一致的内部监控制度。此次危机中，商业银行治理结构中的内部监控制度——独立董事制度并没有很好地发挥出设计中的监督控制作用，其独立性与有效性备受质疑，因此，对治理结构内部监控制度的设计仅从技术层面进行修补是不够的，将无法避免危机的再次发生。内部监控制度的安排首先要确保制度能够有效协调股东、其他利益相关者与银行的长远利益，通过利益的一致性来实现公司治理结构的优化，从而有效防范董事、高管等内部人对银行长远利益的侵害。

3. 建立与银行风险状况和长远发展相联系的激励约束机制。在金融危机中，国外商业银行等金融机构的逆向薪酬激励政策饱受质疑和批评。因此，商业银行公司治理结构优化中要将薪酬激励机制的设计与安排放在重要的位置，改革只与短期业绩挂钩而和风险无关的逆向薪酬激励制度，建立长期的激励机制，使员工和高管的薪酬安排与公司的长期效益挂钩，并应当随着风险的类型和水平进行动态调整；当薪酬是现金和股权的组合时，这些不同的组合形式应当与相关业务产生的风险水平保持匹配。此外，在商业银行激励约束机制中还应设置和强化问责机制，设立不当收入追回条款，同时，加大行政和刑事责任的处罚力度。

4. 建立严格的信息披露制度，提高信息透明度。金融危机表明，改进信息披露，提高透明度，是商业银行完善和优化公司治理的基础，也是政府监管部门、债权人、股东等监督银行经营者行为和经营业绩最有效的方法。因此，在优化公司治理结构过程中，必须对商业银行信息披露的格式、内容、时间以及信息披露的深度和广度等进行明确而具体的规范，制定信息披露规则，对于具有实质性内容的信息，如董事会成员、银行业绩评估报告、组织结构、战略决策与内部控制、风险和风险管理等方面的信息必须要求予以披露，同时加大打击虚假信息披露行为的力度。

2.3.2　金融危机对中国商业银行监事会制度的启示

尽管此次国际金融危机对中国银行业冲击较小，但这并不意味着我国商业银行公司治理水平与结构优化程度领先于国外发达国家商业银行。相反，危机中所揭示出来的银行业公司治理中存在的不足与教训，为中国商业银行加强公司治理提出了深刻的反思与警醒，也为优化我国商业银行公司治理结构指明了方向。

商业银行公司治理结构的优化是一项系统工程，需要外部治理环境的完善与配套，如加强政府金融监管、完善法律制度等，也需要银行内部治理结构的整体性优化推进，如强化董事会制度的独立性，增强董事会的决策中心地位；完善激励约束制度，强化问责措施；改进信息披露制度，提高信息透明度等。但历次危机都表明，当内部人控制问题恶化，银行业务经营风险累积严重时，商业银行公司治理结构暴露出来的核心问题集中表现为：治理结构中内部监控制度的软约束，难以有效担负起内部监督控制的职能，难以对内部实际控制人进行有效的监督与约束。

这个严重的治理结构缺陷以及所导致的灾难性后果，值得引起我国银行业的高度重视和关注。商业银行自身所固有的特性要求其在公司治理结构中必须将监督制衡与约束控制的制度安排放在重要的位置加以设计和考虑。从此次国际金融危机的产生、发展到最终爆发的整个过程来看，国外商业银行公司治理结构中实行的独立董事制度并不完善，独立董事并没有在危机中很好地表现和发挥出自己所应担负的对内部人控制进行有效监督控制的职能，其独立性与有效性都很值得怀疑。究其原因，英美等国商业银行由银行内部高层私下推荐“熟人”出任独立董事人选的惯例，使得表面上独立董事成员占绝大多数的董事会，很难确保独立董事履行职责时能够维护银行的长远利益而违背高管内部人的短期利益。另外独立董事任职时间过长，对金融创新知识的欠缺，也都不同程度地妨碍了独立董事制度监控职能的发挥。

因此，在我国商业银行公司治理结构优化的进程中，对于内部监控制度——监事会制度来讲，必须认真吸取和反思这些经验与教训，不断强化其监督制衡、约束控制地位，切实增强监事会制度在风险管理、监督控制等方面的职能，尽快完善其运行机制，真正发挥出其监督与控制约束的有效性。在制度设计中，首先要充分体现出监事会制度对中小股东和广大存款债权人的保护，要在控股股东短期利益最大化与银行长远可持续发展目标之间，更多地关注和保护包括股东、行员、债权人和社会在内的所有其他相关者的利益。

其次，要注意充分保证监事会制度的执行强度、独立性和有效性。监事会应当是我国商业银行公司治理结构中监督权行使的主体，对全行负有监督控制职责：一是要确保与董事会、经营管理层之间职责边界要清晰，监督控制责任明确，避免决策、执行与监督结构之间出现权责重叠或监督空白；二是要确保监事会有充足的人、财、物资源履行其监督制衡控制职能；三是要明确监事会的规模、结构以及工作程序，以便充分提高监事会运转效率，降低代理成本；四是要对监事的能力水平、任职资格等提出明确要求，确保监事应当具备与职能履行相匹配的经验、能力与素质，同时为了更好地保证监事的履职效果，监事会成员必须持续接受金融新知识的培训与考核；五是要建立监事会内部激励考核机制，建立监事会与监事的责任追究机制，并赋予监事会独立的薪酬考核体系设计。

最后，要注意发挥外部监管环境对监事会制度有效性的促进作用。监事会制度是商业银行治理结构内部的监控制度，但制度有效性的充分发挥却需要所在国政府监管与法律制度等外部条件的配套和支持，如法律体系的完善，执法力度的加强等。政府金融监管部门必须在银行公司治理优化进程中对监事会制度有效性的发挥以更加积极的态度给予指导与帮助：一是为商业银行公司治理结构优化提供政策和措施指导，对内部监控制度建设出台相应的指引或规则，明确监事会制度的发展战略、有效性政策和运行程序；二是对商业银行监事会制度运转的有效性，通过现场核查或非现场评价等各种方式定期进行全面评估；三是适时对银行内部监督控制状况进行提醒和干预，要求银行针对自身公司治理结构中监督控制行为的不足及时采取有效的补救措施。

第3章　中国商业银行监事会制度的发展演进与基本特征

3.1　中国商业银行公司治理改革的发展实践

3.1.1　公司治理改革的历程

监事会制度作为中国商业银行公司治理结构中内部监控制度的安排形式，它的产生与发展是与我国金融体制、商业银行改革密不可分的，是伴随着中国经济转型，中国银行业的整体改革共同成长起来的。

中国银行业的改革大体经历了国家专业银行分设、国有独资商业银行改革、股份制商业银行成立与国有商业银行商业化改造上市等三个时期，由于五大国有商业银行（工行、农行、中行、建行、交行）所占有的规模和发挥的作用在我国金融体系中处于举足轻重的地位，其股份制改造和上市，是中国商业银行体制改革的重中之重。

（1）国家专业银行分设与股份制商业银行成立

1978年前，我国实行的是“大一统”的银行体制，中国人民银行是国内唯一的金融机构。1979年，按照邓小平同志“要把银行真正办成银行”的指示，我国恢复建立了中国农业银行，随后中国银行从中国人民银行、中国建设银行（原中国人民建设银行）从财政部中也独立了出来。1984 年，我国成立中国工商银行。国家专业银行的分设与专业化经营打破了中国人民银行一统天下的局面，为国有银行体制改革提供了基础。1986 年开始，又相继成立了交通银行、招商银行、深圳发展银行、中信实业银行、广东发展银行等全国性和区域性股份制商业银行。这一时期由于银行内部缺乏完善的内部制约机制，以及我国经济转型期普遍存在的政策性贷款和预算软约束等问题，导致国有专业银行不良贷款开始大量形成。

表 3－1　　各股份制上市银行成立时间与上市时间

银行名称	成立时间	上市时间
深圳发展银行	1987 年 12 月	1991 年 4 月
招商银行	1987 年 4 月	2002 年 4 月
中信银行	1987 年 4 月	2007 年 4 月
兴业银行	1988 年 6 月	2007 年 2 月
光大银行	1992 年 8 月	2010 年 8 月
浦发银行	1992 年 10 月	1999 年 11 月
华夏银行	1992 年 12 月	2003 年 9 月
北京银行	1996 年 1 月	2007 年 9 月
民生银行	1996 年 2 月	2000 年 12 月
南京银行	1996 年 2 月	2007 年 7 月
宁波银行	1997 年 4 月	2007 年 7 月

资料来源：根据各上市商业银行公开资料整理。

（2）国有独资商业银行改革

1994 年，我国组建国家开发银行、中国进出口银行和中国农业发展银行三大政策性银行，将政策性金融业务从专业银行中分离出来，打破了各商业银行之间专业化分工的界限，形成了业务交叉、相互竞争的行业格局。1995 年，国家正式颁布《中华人民共和国商业银行法》，从而在法律上确立了国有银行与其他商业银行是自主经营、自担风险、自负盈亏、自我约束的商业银行地位。自1994年，我国国有专业银行就开始迈出了向现代化商业银行转变的步伐，但在较长的一段时期内，原有体制的制约使得改革迟迟难以到位。相反，由于经营低效率与支持国有企业改革，从1994～1998年，国有专业银行系统累积了大量的不良贷款。

1997～1998年始于东南亚的亚洲金融风暴，使我国政府对国有商业银行体制改革的必要性与紧迫性有了更加清醒的认识，进一步加快了对国有商业银行改革的步伐，并且采取了一系列加强银行改革、防范金融风险的举措，如1998年对银行贷款进行的5级风险分类，同年财政部向四大国有银行注资提高其资本金率；1999年剥离国有银行不良资产，成立资产管理公司等。但中国商业银行，特别是国有专业银行管理体制在这一时期仍然带有比较浓厚的行政色彩，财务状况很差，历史包袱沉重，资本金严重缺乏，自我发展能力严重不足。

2001年后，面对加入世界贸易组织之后金融开放的压力，以及世界范围内银行公司治理观念的兴起，中国商业银行改革最终走向了建立并优化银行公司治理的改革之路。2002年，全国金融工作会议召开，决定对国有专业商业银行进行以公司治理为核心的股份制改革。同年，中国人民银行颁布《股份制商业银行公司治理指引》，正式提出了中国商业银行公司治理的概念，并规范了股份制商业银行公司治理的标准。

（3）国有独资商业银行股份制改革与上市

2003年，以中国银监会颁布的《境外金融机构投资入股中资金融机构管理办法》和中央汇金公司成立为标志，中国银行、建设银行等国有专业商业银行按照“一行一策”的原则，通过财务重组、建立现代公司治理架构、引进战略投资者、境内外公开发行上市等一系列公司治理改革步骤，初步建立了现代商业银行公司治理结构。

2006 年，银监会颁布《国有商业银行公司治理及相关监管指引》，进一步明确了国有专业商业银行公司治理标准。

表 3－2　　五大国有银行恢复成立及公开上市时间

银行名称	成立/恢复时间	上市时间
工商银行	1984 年 1 月	2006 年 10 月（H、A 股）
农业银行	1979 年 2 月恢复	2010 年 7 月（A 股）
中国银行	1979 年 3 月恢复	2006 年 6 月（H 股）、2006 年 7 月（A 股）
建设银行	1979 年 3 月恢复	2005 年 9 月（H 股）、2007 年 9 月（A 股）
交通银行	1987 年 3 月	2005 年 6 月（H 股）、2007 年 5 月（A 股）

资料来源：根据各上市商业银行公开资料整理。

与此同时，我国一些全国及区域性的股份制商业银行和地方性城市商业银行参照国有商业银行的改革步骤与公司治理标准，也相继开始了引入境外战略投资者、股权重组、境内外公开上市等改革。

截至 2010 年底，五大国有商业银行均已相继完成了股份制改革并成功上市，国有商业银行改革取得了实质性进展，取得了巨大的成绩，带动了整个中国银行业经营业绩与资产质量的提升。

3.1.2　公司治理改革的目标与思路

良好的公司治理是建立现代企业制度的基础和核心，中国商业银行的特殊地位决定了其公司治理结构的构建与优化不仅是银行自身提高核心竞争力的必由之路，也影响和决定了我国金融体制改革的成败与否。但是相对于国外其他商业银行而言，中国商业银行，特别是国有商业银行的公司治理改革与发展受到客观政策制度环境与传统经营发展模式的制约，并且是在我国宏观经济转型的大背景下展开的，因此，中国商业银行公司治理结构改革与优化并不是企业管理制度自我演进的过程，而是一个强制性的制度创新和结构优化的过程，这个最基本的特性决定了中国商业银行公司治理改革的艰巨性与复杂性，也决定了中国商业银行公司治理在公司治理目标与思路，公司治理结构体系设计与制度安排上的特殊性。

具体来讲，中国商业银行在公司治理结构改革中需要面对和解决的问题以及所要达到的主要目标：一是解决所有者虚置以及所导致的银行内部监控制度效率低下与内部人控制扩大化的问题。中国商业银行所有权名义上归属于国家或国有法人所有，但这只是虚拟的所有者，并不是真正意义上人格化的所有权主体来掌握和控制对银行所有权的最终收益，剩余索取权实际上掌握在各级政府或企业官员手中，但这些官员代表却缺少监督制衡、控制约束经营管理者的基本动力，在银行业专业性加深、信息不对称的条件下，商业银行真正的控制权实际上是由银行内部经营管理人员来掌握的，他们拥有对银行最大的决定权与剩余索取权，同时享有大量的寻租机会，这种格局最终导致了中国商业银行特别是国有商业银行内部监控制度效率低下、内部人控制问题的扩大化。

二是解决代理人缺位所导致的银行经营管理水平低下和资产质量不高的问题。所有者代表的虚置导致不能按照市场的标准与能力水平来选择银行经营代理人，经过任命所产生的代理人等同于政府官员，这造成代理人只重视个人升迁而不重视银行利润与风险，缺少驱动代理人积极提高银行经营管理水平的动力，结果往往造成银行经营管理水平不高与资产质量低下。

三是解决激励约束机制缺失所导致的银行经营效率低下和创新能力不足的问题。在中国商业银行内部，控制权与剩余索取权的不匹配，真正拥有对银行控制权的内部人并不拥有最终的剩余索取权，银行经营管理者的报酬与经营业绩无关，银行经营状况、创新发展与银行经营管理者的利益也无关，这种错位的状况直接造成了银行内部缺乏有效的激励约束机制，其代价就是银行经营效率低下、资源分配浪费与创新能力不足。

基于以上公司治理改革需要解决的主要目标，根据国务院和银监会颁布的《国有商业银行公司治理及相关监管指引》，将我国国有商业银行公司治理改革的基本思路确定为：以改革经营管理体制、完善公司治理结构、转换经营机制、提高经营效益为中心，将国有商业银行逐步建设成为资本充足、内控严密、运营安全、服务和效益良好、具有国际竞争力的现代股份制商业银行。

根据上述公司治理改革目标与思路，按照建立现代金融企业制度的有关要求，国有商业银行陆续进行股份制改造，转化成为股份有限公司的形式，初步建立起现代公司法人治理结构，开始实现所有权与经营管理权的分离；健全股东大会，实行董事会与监事会制度；强化内部经营管理，完善资本金补充机制；推进人力资源管理和劳动工资制度改革，建立有效的内部激励约束机制。

3.1.3　公司治理结构体系的构建与特征

公司治理改革目标与思路的明确，为中国商业银行公司治理结构体系框架的搭建提供了基础，在此之上作为对商业银行进行管理和控制的基础性框架，中国商业银行公司治理改革对银行的参与者（股东、董事、管理者、监控者、利益相关者）权利分配与制度安排进行了设计，初步形成了公司治理结构决策权、监督控制权与经营执行权的相互制衡、相互协调的结构体系并作出了相应的制度安排。

按照银监会的要求，国有商业银行公司治理结构体系设计具体包括以下几项内容：①建立规范的股东大会、董事会、监事会和高级管理层制度；②建立科学的决策体系、内部监督控制机制和风险管理机制；③建立和完善包括信用风险、市场风险和操作风险等在内的风险管理系统，有效识别、计量、监测、控制风险；④按照现代企业人力资源管理的要求，建立市场化的人力资源管理体制和有效的激励约束机制；⑤按照现代金融企业和上市银行的标准和要求，实行审慎的会计制度和严格的信息披露制度；⑥上市国有银行应将市值最大化作为公司治理的一项重要目标；⑦能够有效防范关联交易风险，股东与银行的业务往来必须符合审慎监管的规定，严格防范以投资套取信用。

中国商业银行公司治理结构改革与优化，作为我国宏观经济转型背景下的制度创新，也呈现出转型经济条件下的一些特征：

（1）中国商业银行公司治理结构中普遍存在政府持股的特征。当前代表中央和地方政府行使出资人角色的主体主要有：中央汇金公司、国家财政部及地方财政部门、国资委及地方国资委下属的国有资产管理公司或国有金融投资公司。在我国，目前银行业仍在金融体系中占据主导地位，这往往导致政府希望控制银行，以达到分配资源、实现经济调控和促进经济增长的目的，同时，为解决地方发展、企业资金来源问题，地方政府也大多采用参股方式干预区域性股份制商业银行和地方性城市商业银行。这样，无论是大型商业银行、股份制商业银行，还是区域性股份制商业银行和地方性商业银行，都呈现出政府持股这一特征。但是，政府持股与国有企业法人持股的目标偏好并不相同，一般国有法人持股的目标偏好一般体现为财务投资者，而政府持股的目标偏好更具有公共性质，即不完全出于银行自身的经济目标，更多时候体现为社会目标，这种目标偏好的差异性增加了中国商业银行公司治理的复杂性。

（2）中国商业银行公司治理结构中普遍存在政府激励的特征。在中国，政府出于金融稳定、经济增长等目的，对银行采取了较多的政府干预措施，其中在银行高管的选聘方面，不论是大型商业银行、邮政储蓄银行，还是股份制商业银行，地方性城市商业银行，银行高级管理人员如董事长、行长、监事长等的选聘，大多数都不是来自外部职业经理人市场，多是由中央及地方政府直接任命或间接的推荐，这种特性导致中国商业银行公司治理结构中对高层管理人员的激励机制变得更为复杂。

（3）中国商业银行公司治理结构中普遍存在政府控制的特征。回顾中国商业银行体制改革的历程，政府在实施我国银行业改革进程中，始终承担着多重义务与角色，一方面，对商业银行进行市场化改革，在银行内部建立现代企业制度，构建法人公司治理结构，对其进行股份制改造并上市，把银行办成真正的银行；另一方面，为控制资源配置和实现宏观经济调控，以及保护存款人利益和社会稳定的目的，却又往往采取政府广泛持股甚至控股、任免银行高级管理人员、过多监管替代等方式和手段对商业银行进行高度影响和控制。另外，针对国有商业银行的注资及财政补贴等各种显性或隐性的救助，政府实际又承担了信用担保责任和义务，这些都进一步导致了中国商业银行公司治理结构中表现出更多的政府干涉控制的特征。

尽管在转型经济背景下中国商业银行公司治理改革中存在以上独特的异质特征，但相比原有体制，更为重要的是在中国商业银行内部构建起了科学的、有制衡的公司治理结构，现代企业管理制度在中国商业银行已经运转起来了，并且运作逐步规范，决策规则与程序进一步明确，透明度有所提高，初步达到了改革的目标设想，中国银行业发生了深层次的发展变化：经营理念与经营方式开始转变；业务结构逐步优化，多元化经营格局逐步形成；合规、合法经营的意识有所增强等。

3.2　中国商业银行监事会制度发展演进的三个阶段

从监事会制度在我国演进的规律来看，中国商业银行监事会制度是伴随着我国政治经济环境的变化，伴随着我国企业形态的演变而出现并发展演进的。

3.2.1 第一阶段：公司监事会制度的设计与产生

在现代企业公司治理结构制衡关系的制度安排中，决策权通常被安排给公司的董事会，经营执行权由管理层负责，而在公司内部监督控制权限的配置上则出现了较大差异性，存在分别配置给董事会独立董事、监事会承担的制度安排，正是在决策权、监督控制权选择配置上的差异性，构成了所谓的公司治理模式以及相应的制度安排形式，如前章所述的日本等国的董事会与监事会并列的双层模式、英美法系国家的董事会与外部独立董事一体化的单层模式，以及决策权与监督权高度统一的德国公司上下双层模式等。

我国也十分重视公司治理结构监督制衡关系下的制度安排组合配置，对其中决策权与监督权的制度安排对于优化公司治理结构的重要作用有着比较深刻的认识，颁布和实施了一系列的法律、法规，对我国包括股份制商业银行在内的上市公司决策、监督与执行制度进行了规范：自我国明确提出建立社会主义市场经济体制后，1992年国家体改委发布了《有限责任公司规范意见》和《股份有限公司规范意见》，首次在我国正式使用了监事和监事会的字样，并对其权力、构成等进行了相应的规定。1993 年，在借鉴发达国家经验与总结我国实践的基础上，全国人大常委会制定并颁布了《公司法》，正式确立了监事会制度在我国公司中的法律地位，由此形成了董事会、监事会与经理层相互监督制衡的公司治理结构关系。从《公司法》中对监事会制度的具体规定来看，监事会制度继承了我国原国有企业中工会和职代会的部分职能，这反映出了相关制度安排对我国历史与国情特征的尊重，也体现出了对国际经验的借鉴（如德国公司治理结构中的员工监事制度）。

1999年，我国又对《公司法》进行了修订，在此法中规范了股份有限公司的监事会制度（第五十二条至第五十四条、第一百二十四条至第一百二十八条），规定监事会行使下列职权：①检查公司的财务；②对董事、经理执行公司职务时违反法律、法规或者公司章程的行为进行监督；③当董事和经理的行为损害公司的利益时，要求董事和经理予以纠正；④提议召开临时股东大会；⑤公司章程规定的其他职权。由于当时还没有引入独立董事制度，因此，公司的内部监管责任主要由监事会承担，但是在《公司法》中并没有对公司内部监控制度安排的具体事项，诸如聘请或更换外部审计机构、制定及实施内部审计制度、沟通内部审计与外部审计之间的联系等责任作出明确规定。

2000年国务院发布的《国有企业监事会暂行条例》，2002年由中国证监会和国家经贸委联合公布的《上市公司治理准则》，进一步扩大规范了监事会制度监督权限范围，明确了其相应的权责。2005年10月新《公司法》颁布后对监事会制度的监控职责进行了强化，在原有权限的基础上，新增了“罢免权”、“提案权”、“股东会的召集权和主持权”以及“诉讼权”等。至此，我国设计并逐步规范了监事会制度在企业公司治理结构中监督制衡与约束控制的职能地位与作用。

3.2.2　第二阶段：监事会制度的选择与实施

中国商业银行监事会制度的确定与实施是在国有商业银行改革的第二个阶段，这一时期正是中国商业银行各种内在矛盾尖锐，体制深层次问题突显的时期，造成这些矛盾和问题的原因错综复杂，但是，其中最根本的原因在于国有商业银行资产所有者虚置，并由此导致的商业银行内部人控制问题的扩大化与严重化，这一问题造成的直接后果就是大量不良贷款的产生、金融案件的频发与国有资产的严重流失。

为了解决这一时期国有商业银行的内部监督控制问题，遏制内部人控制问题严重化的趋势，为下一阶段国有商业银行改革，建立现代金融企业制度提供坚实的基础，加强对国有重点金融机构的监督，确保国有资产及其权益不受侵犯，我国确立了在国有商业银行实施外派监事会的制度，向国有重点金融机构派出监事会，代表国家对国有重点金融机构资产质量以及国有资产保值增值状况进行监督。2000 年 3 月，国务院颁布《国有重点金融机构监事会暂行条例》，决定组建国有重点金融机构监事会（以下简称外派监事会）并向国有金融机构派驻，外派监事会的主要任务是：代表国家对国有金融机构的资产质量及国有资产保值增值状况实施监督；以财务监督为核心，根据国家有关法律、行政法规和财政部的有关规定，对国有金融机构的财务活动及董事、行长（经理）等主要负责人的经营管理行为进行监督，确保国有资产及其权益不受侵犯。外派监事会具体履行下列职责：①检查国有金融机构贯彻执行国家有关金融、经济的法律、行政法规和规章制度的情况；②检查国有金融机构的财务，查阅其财务会计资料及与其经营管理活动有关的其他资料，验证其财务报告、资金营运报告的真实性、合法性；③检查国有金融机构的经营效益、利润分配、国有资产保值增值、资金营运情况；④检查国有金融机构的董事、行长（经理）等主要负责人的经营行为，并对其经营管理业绩进行评价，提出奖惩、任免建议。该条例对派驻监事会的定位是：监事会与国有金融机构是监督与被监督的关系，不参与、不干预国有经营机构的经营决策和经营管理活动。

3.2.3　第三阶段：监事会制度的确立与规范

随着几家国有商业银行（交行、建行、中行、工行、农行）体制改革的不断深入，对国有商业银行体制进行股份制改造，建立现代金融企业公司治理结构已成为中国商业银行改革的必由之路。为了促进我国股份制商业银行安全、稳健、高效运营，健全股份制商业银行公司治理结构，维护国家、股东与存款人的利益，中国人民银行于 2002 年 5 月正式颁布了《股份制商业银行公司治理指引》和《股份制商业银行独立董事和外部监事制度指引》（以下简称《指引》）等一系列指导性法规和文件，要求股份制商业银行建立独立董事制度和外部监事制度，并规定在监事会下应当设立审计委员会，负责拟定以下五项审计的方案：①监督董事会、高级管理层履行职责的情况；②监督董事、董事长及高级管理层成员的尽职情况；③对董事和高级管理层成员进行离任审计；④检查、监督商业银行的财务活动；⑤对商业银行的经营决策、风险管理和内部控制等进行审计并指导内部稽核部门的工作。其中《指引》第六十五条还特别规定“监事会应当委托经中国人民银行认可的会计师事务所对商业银行上一年度的经营结果进行审计”。2005 年我国修订并生效了新《公司法》，由此，规范了我国股份制商业银行公司治理结构的制度设计，对其中商业银行内部监控制度安排进行了选择，确立了商业银行公司治理结构制度安排中决策与监督制度并列的基本组合模式，即实行董事会与监事会并列的决策与监督运转机制，二者都由股东大会选举产生，并对股东大会负责，由此，在我国股份制商业银行公司治理结构中，形成了董事会、监事会与经营管理层之间三权分立、权力制衡的基本格局。

随着几家国有商业银行股份制改造的完成并成功上市，原来派驻国有独资商业银行的外派监事会也随之成为国有控股商业银行公司治理结构新的组成部分，监事会及其组成人员经由股东大会选举并向股东大会负责，监事会成为公司治理结构中监督控制权限行使的主体，代表控股股东即国家行使职能，并且在其机制运转上更加规范化和程序化。

与此同时，我国一些全国及区域性的股份制商业银行和地方性城市商业银行参照国有商业银行的改革步骤与公司治理结构标准，也在其内部确立了监事会制度并加以实施。

但鉴于我国上市公司股权结构、控股股东特殊性的考虑，为有效保护中小股东和投资人的权益，中国证监会于 2001 年 8 月制定颁布《关于在上市公司建立独立董事制度的指导意见》，继而于 2002 年 1 月又发布了《上市公司治理准则》，要求上市公司建立独立董事制度（第四十九条至第五十一条），并要求在董事会下设审计委员会，审计委员会成员由董事组成，其中独立董事应占多数并担任召集人，并至少应有一名独立董事是会计专业人士（第五十二条）。审计委员会的主要职责是：提议聘请或更换外部审计机构、监督公司的内部审计制度及其实施、负责内部审计与外部审计之间的沟通、审核公司的财务信息及其披露、审查公司的内控制度（第五十四条）。《上市公司治理准则》同时规定了上市公司建立监事会制度（第四章），并指出，“上市公司的董事会、监事会及其他内部机构应独立运作”（第二十六条）。由此在法律的规定上，在我国上市公司中建立并引进了另一种权力监督控制的制衡力量，即独立董事制度，目的在于保护企业中小股东的利益，防止大股东侵害中小股东利益现象的出现，防止和抑制董事与经营管理层之间的合谋行为，加强监督提高绩效的作用。按此规定，我国股份制商业银行上市后，在公司治理结构内部监控制度安排——监事会制度的基础上又必须引入和建立外部董事与独立董事制度，由此形成了独具我国特色的股份制商业银行特殊、复杂的公司治理权力制衡与控制关系：即董事会制度和监事会制度、监事会制度与独立董事制度同时并存的商业银行公司治理结构的决策监督制衡组合模式。

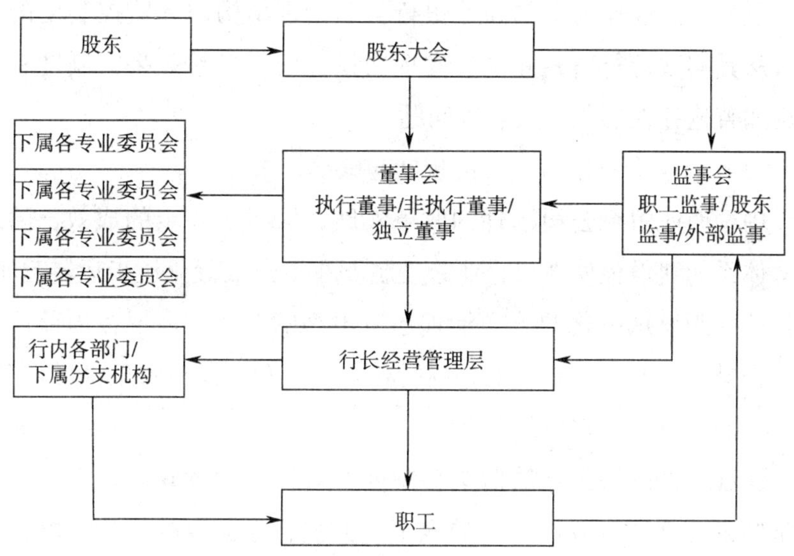

图 3－1　中国商业银行公司治理结构框架

3.3　中国商业银行监事会制度的现状与特征

中国商业银行公司治理改革的实践说明，制度选择的合理性并不等同于制度设计的可行性与执行的有效性，制度安排能否达到有效运转的目的不在于制度设计的形式，而是取决于制度设计的合法、合理与可实践性，取决于制度的执行是否具备规范、完整、权责相对称的激励约束机制。

3.3.1 监事会制度有效性的现状分析

监事会制度作为中国商业银行公司治理结构内部监控制度的安排，从其实践运行看，并没有发挥出设计中的理想效果，制度有效性反而普遍存在弱化、失效等问题。

（1）监事会制度有效性的现状与缺陷

中国商业银行公司治理的改革实践，取得了一定的成效，治理结构体系的建设促使现代企业管理制度在中国银行业初步运转起来，但是这些距离规范化的公司治理还有不小的差距，表现在内部监控制度安排——监事会制度上，制度独立性、专业性与效率性的弱化，导致了制度有效性丧失的局面。

①独立性的缺失导致监事会制度有效性的发挥缺少基础。独立性是监事会制度有效性发挥的根本与前提，而监事的构成、聘任与任免等监督执行人独立性机制的设计又是决定制度独立性的核心。中国商业银行现行监事成员主要由外部监事、股东监事与职工监事等内部监事组成，其中内部监事占了绝大比例。从股东监事的聘任、更换制度来看，是通过股东大会选举或更换，只须经出席会议的股东所持表决权的半数以上通过即可，在一股一票制度下，中国商业银行股东监事的选举结果完全受国有控股股东的左右，股东监事作为股东委派，但其工资薪酬、奖惩甚至晋升都是由所在银行董事长和行长经营管理层决定的，这从根本上决定了股东监事独立性的缺失。职工监事由职代会等形式民主选举产生，但目前我国的职代会制度还很不健全，职工监事作为银行的内部职工，是董事与行长经营管理层的下级，其工资待遇、奖惩等都由董事、行长决定，这就使职工监事难以行使监督权，否则他们就有失去工作或晋升的可能。外部监事本是增强监事会独立性的重要因素，但现行制度却是由内

部监事来选择外部监事候选人后，再通过股东大会决定的，这种聘任方式使得外部监事只能附和内部监事的意见，难以独立行使监督控制权。上述分析表明，中国商业银行的监事会制度事实上是由控股股东、管理层自己选聘监事来监督自己，这导致监事会制度独立性丧失，职能有效性的弱化。

②专业性的缺失导致监事会制度有效性的发挥缺少条件。监事专业水平的高低直接影响监事会制度有效性的发挥，监事必须具备法律、会计方面的专业知识或工作经验，满足银行内部监控的需要。但从实际情况来看，相当一部分商业银行尤其是中小型股份制商业银行的监事大多是党务、纪检、政工、工会干部，多数不具备法律、财会审计方面的专业知识，在文化程度、管理经验方面显著低于行内其他管理人员，这种专业性特征，使得监事难以胜任监督重任，制约了制度有效性的发挥。

③激励性的缺失导致监事会制度有效性的发挥缺少效率。有效的制度执行需要有效的动力激励，中国商业银行的监事会制度本身却没有形成适当的激励约束机制，只有监事会执行的职权范围，对监事的监督责任及处罚措施缺乏可操作性的规定，监事既无动力又无压力进行监督，造成监事会制度本身没有从事监督控制的任何利益驱动，另外现行监事会又是在控股股东控制下的制度行使主体，既不能代表全体股东利益又不能代表存款人、债权人等其他相关者的利益进行监督，因此在这种状况下，监事会制度缺乏职能有效性与执行监控职能的动力性就成为一种必然结果。

④机制设计的缺失导致监事会制度有效性的发挥难以落实。如果独立性、专业性与激励性因素的缺失导致了监事会制度有效性的弱化，而机制设计的缺失却是导致监事会制度履职有效性受限的直接原因。这集中表现为制度有效性发挥的行权保障机制的缺失，当董事、行长经营管理层等内部实际控制人侵犯银行利益时，监事会

如何行使监督控制权、如何行使监督检查权等职权行使方式和程序保障机制并没有涉及，正是由于这些约束条件的存在，监事会制度职能发挥保障机制中必要的知情权、查询权和监督权受到极大的限制，造成实际上的监督控制权力虚空。

（2）监事会制度有效性弱化的原因分析

中国商业银行监事会制度有效性弱化的表现与趋势，究其原因在于制度有效性的发挥存在很多障碍，而这些障碍产生的原因是多方面的，不仅仅是制度执行操作层面的问题，而且还有法律传统和机制设计等深层次的原因。

①监事会制度有效性的发挥缺少必要的法律基础。与快速发展的银行业相比，中国商业银行公司治理相配套的法制建设已明显落后于现代企业制度快速发展的要求，这是导致监事会制度监控职能乏力的根本原因之一。我国的《公司法》、《商业银行法》、《上市公司治理准则》、《股份制商业银行公司治理指引》、《国家控股商业银行公司治理及相关监管指引》等法律法规在仅对监事会制度进行了初步的规范，但有关规定简单抽象，缺乏可操作性，如仅粗略地规定了监事的职责和监事会的人员组成，对其他诸如监事会成员的能力要求、人员组成结构以及日常机构设置要求等均没有具体规定，同时在有关法律法规方面并没有赋予监事会履职相对应的知情权、调查权、处罚权，致使监事会制度中缺少履行职责的有效法律手段。随着中国商业银行体系股份制改造与上市以及公司治理结构的不断优化，原有法律法规中立法冲突、概念混乱、职权交叉、监督权力难以落实等弊端已经暴露出来，并已经在一定程度上造成了中国商业银行公司治理结构的扭曲，影响了监事会制度有效性的发挥。

②监事会制度有效性的发挥缺少真正的需求主体。中国商业银行股权结构基本特征所导致的控股股东一股独大的现实是导致监事

会制度缺少其有效性的真正需求主体。到目前为止，中国商业银行主要都是国有股或国有法人股占绝对控股地位，控股股东的一股独大，可以通过直接控制董事会和经营管理层达到控制商业银行的目标，因此导致监事会制度并不具备独立性与监督制衡的需求者。这首先表现在监事会制度构成人员的组成上，监事会是由股东大会选举产生的，实际上都是由控股股东任命的，而监事会制度监督制衡有效性的发挥，都要视控股股东的需求而定，而往往控股股东不需要另外的监督制衡机制来分享其对商业银行董事与经营管理层的控制权，最终形成监督控制的形式化。

③监事会制度有效性的发挥缺乏内在的激励约束机制。根据委托—代理理论，股东、利益相关者与监事会之间作为一种委托与代理的监督控制关系，也受到道德风险和人格化经济人的影响，处于代理监督控制地位的监事会与委托人之间也存在利益矛盾与冲突，因此也必须采取有效的激励约束机制，才能充分发挥出监事会制度的有效性。而与现实矛盾的是，在公司治理优化实践中尚未建立起完善有效的监事会制度考核体系与激励约束机制，致使监事会制度内部缺乏有效履行监控职能的动力性。

④监事会制度有效性的发挥缺乏独立的内部运行机制。是否具备独立运转的内部运行机制是监事会制度有效性的根本保障，监事会运行独立性越强，对决策权、经营执行权的监督制衡性就越强，对董事、经营管理层的监督控制力才能越强。而现阶段监事会运行机制的独立性不强，在监事的选拔聘任方式上，股东监事只是控股股东的代表，职工监事行政上难以脱离董事会与经营管理层的领导与制约；内外部监事设置比例没有明确、科学的界定，缺少透明、正式制度的规范；外部监事来源单一，选任方式受制于内部股东监事，缺少不同利益背景监事会之间的利益制约与牵制；下属委员会运行与董事会下属专业委员会职责边界不清，职能交叉、机构重叠、

效率低下，与行内各执行部门信息不对称局面突出，这些都是导致监事会制度有效性发挥的直接原因。另外，中国股份制商业银行绝大部分是在原国有银行的基础上，经过股份制度改造后上市的，具有“行政干预下的内部人控制”特点，上市后商业银行中党的领导关系仍然存在，其公司治理结构中的银行高级管理人员往往兼任党的职务，其中监事会主席也兼任党的职务，但大多是副职，而正职通常由董事长或行长兼任，主要由政府派出的股东监事也多是担任过政府行政职务的党员干部，根据党的领导隶属关系来讲，监事会主席、监事均处于董事长和行长的领导之下，这种超越公司治理结构监督制衡关系的党的领导关系，决定了作为内部监控制度的监事会制度，在监事成员产生机制方面，就存在着缺乏机制独立运行的天然缺陷。

3.3.2 监事会制度的基本特征

中国商业银行除具有商业银行公司治理的共同特点外，由于处于我国特殊的经济转轨背景下，特殊的股权结构、公司治理改革发展历程等使中国商业银行公司治理结构的构建与优化具有特殊性。正因为如此，作为治理结构中的内部监控制度安排——监事会制度，相对于其他国家商业银行公司治理内控制度安排，也具有独特性。

发展路径依赖的特性。路径依赖是指一种制度的形成，不论其有效性如何，都会在一定时期内存在，并且会影响到其后的制度安排与选择，形成一定的路径，而制度变迁只能按此路径发展下去。从公司治理实践上看也是如此，监事会制度作为一项制度设计与安排有其固有的历史路径依赖性，并具有与其所处环境相适应的互补性特征。监事会制度作为中国商业银行公司治理结构内部约束控制与监督制衡制度的选择，也是多种因素综合作用的结果，根据上节所述监事会制度发展演进规律，以及《公司法》等法律法规的具体规定，监事会制度继承了我国原国营企业中工会和职代会的部分职能，这反映出了对我国历史与国情特征的尊重，也体现出了对国际经验的借鉴，是基于我国经济转型过程中制度环境特征所作出的一种必然选择，是我国政治制度与经济改革发展在国民经济金融企业的具体反映，体现出了很强的历史路径依赖性。

监督控制法定性的特性。监事会制度作为中国商业银行公司治理结构中内部监控制度的安排形式，与监督控制对象之间的关系具有法定性，监事会是中国商业银行内部行使监督控制权的法定主体机构，这一法定性在我国是通过法律的形式赋予的，法律明确规定了监事会的基本职权与范围。监事会制度所具有的法定特性决定了其监督控制权限行使的权威性，在符合法律规定的前提下，监事会实施监督检查与控制约束，不以监督对象同意为条件，监督对象的行为具有法定的义务性质。

国家控股股东委派的特性。中国商业银行公司治理结构产生的基础主要表现为国有控股的股权结构，控股股东都是国家或国有公司、地方政府，特别是国有控股商业银行，是由代表国家的汇金公司作为控股股东向董事会和监事会委派董事和监事进行公司治理。与国外商业银行的产权基础不同，在我国经济转轨进程中，政策制度的安排决定了国有控股的股权结构是中国商业银行尤其是国家控股商业银行产权基础的主要表现形式，只有在保持国有控股的前提下，才能进一步优化中国商业银行的公司治理结构，实现监事会制度的有效性。这一特性也使监事会制度的有效性实质上具备了双重标准，一方面作为银行的内部监督控制制度，要监督控制董事与经营管理层，为实现银行价值、股东与相关者利益的最大化，控制银行经营风险而服务；另一方面国家作为控股股东的特征也体现到银行内部监督控制制度中，即内部监控制度的约束控制要服从于国家控制银行资源配置与宏观调控的需要。

相关利益代表缺乏的特性。中国商业银行公司治理结构中缺乏存款人债权利益保护制度。商业银行作为高杠杆率，负债经营的企业，国外商业银行普遍通过设立存款保险制度为银行体系提供信用担保支持，而中国商业银行则没有相应的制度来保护存款人等债权人的利益，完全依赖于政府的隐性国家信用担保。这种状况，在中国商业银行公司治理结构的制度安排与设计中并没有得到有效的解决。现阶段中国商业银行董事会主要是控股股东委派的代表，以及执行董事和独立董事组成，由于董事会成员人员数量有限，股东代表主要由大股东出任，即国有控股商业银行多由财政部和汇金公司选派的代表出任，其他股份制商业银行也多由国有企业或国有控股企业代表出任，所代表的实质上是国家的所有权，不是真正意义上的完全利益主体的代表，这种股东代表特性所形成的制度设计的最大弊端，就是特殊的激励约束机制所导致的公司治理结构扭曲，易形成事实上的董事会和高级管理层合谋，混淆决策、执行的权力制衡边界，使得中国商业银行面临严重的道德风险问题，当股东、银行内部经营人与存款人、债权人等其他相关者利益不一致时，会严重损害其他利益相关者的利益。而作为中国商业银行公司治理决策监督制衡制度设计中的监事会制度，由于受到国家控股股东委派与控制，缺少其他利益相关者代表的参加。因此，其他利益相关主体的缺乏，使得现有监事会制度难以对董事会、经营管理层等内部人进行监督和权力的制衡，难以从根本上发挥出有效的监督制衡作用。

防止内部人控制扩大化的特性。现代商业银行在功能和形式上正在发生着革命性的变化，在电子信息、自动化技术进步的支持下，商业银行业务范围日益多元化，经营范围日益国际化，金融服务创新不断向新领域挺进，商业银行规模不断扩张，金融服务范围越来越广、传送渠道越来越便捷快速。在这种商业银行发展的大背景下，随着我国经济的快速发展并与国际接轨，中国商业银行也逐渐显现出这一发展趋势，尤其在大型国有控股商业银行事实上已经形成了经营集团化以及银行内部日益专业化的发展格局。商业银行所具有的这种行业发展规律与专业化特性，对银行公司治理而言造成的直接后果就是信息内外部的严重不对称与内部人控制问题的扩大化和严重化。随着商业银行集团规模的不断扩大、业务经营范围的不断扩张、专业化水平的不断深入、信息不对称的不断严重，商业银行经营执行权会逐步游离出利益主体的决策控制之外，出现行长执行权至上的局面，最终导致商业银行经营目标与利益主体目标的错位与决策控制权的削弱。监事会制度作为内部监控制度，迫切需要有效保护控股股东和利益相关者的利益，面对经营管理层这种内部人控制扩大化的趋势，及时制止控制内部经营管理人员滥用权力、内部人控制问题，并对商业银行具体经营执行、董事会的决策效果同时进行事后评价与监督，从决策、业务执行等宏观层面进行督促整改和控制。

面对更加复杂结构关系的特性。相对于国外商业银行，中国银行业所面临的我国特有的政治与法律环境，使我国商业银行公司治理内部结构关系更加广泛而且复杂化，这些都是发挥监事会制度有效性必须要面对和处理的，中国商业银行中绝大部分为国有企业股份制改造后发展而来，银行中仍然存在党政关系，并且银行高级管理人员往往兼任不同的党政职务，因此，在治理结构内部有监事会与党委领导的关系，监事会与股东大会、董事会的关系，监事会与独立非执行董事的关系，监事会与行长经营管理层的关系，董事会、监事会与行长经营管理层的关系；治理结构外部不仅包括与各类约束控制权市场的关系，还有监事会与中组部、中纪委、国家发改委等部门的关系，监事会与人民银行、银监会、审计署等金融监管机构的关系，监事会与行业协会、社会中介机构的关系，监事会与债权人、存款人等的关系。

弥补外部环境软约束的特性。外部约束控制权市场，即外部资本、人力资源与产品市场等的约束控制能力是决定商业银行公司治理结构中采取何种类型内部监控制度的重要外部决定条件，但中国商业银行所面临的却是一个法律法规不健全、资本市场、人力资源市场还不成熟，金融市场上中介与产品竞争还不完全，外部控制权竞争约束软弱的外部市场。特别是我国正处于转轨经济过程中，由于股票市场分割、信息披露不完全等原因，仍存在相当程度的无效市场状态，这种状况说明以外部控制权市场为主的市场体系在我国经济体制改革过程中很难在短时期内得到完善，控制权市场难以全面、完整地承担起对上市商业银行公司治理结构的监督控制职能，中国商业银行公司治理模式必须面对这样的现实条件和环境。在这种外在环境软约束的状态下，中国商业银行公司治理结构中董事与行长经营管理层都可以直接参与决策控制权，当所在部门利益与所有者、利益相关者利益产生冲突时，作为理性的经济人，往往会出现导致中小股东与其他利益相关者权益受到侵犯的现象。通过外部监控方式优化中国商业银行公司治理结构的困难特征决定了监事会制度具有重要的弥补作用，作为不参与决策、不干涉经营，只对股东与相关利益者负责的第三方监督控制、制衡关系的制度安排，客观上决定了这一制度对权力制衡约束作用有效性的发挥，这对于中国商业银行优化公司治理结构，强化内部制衡关系，具有特殊的意义。

第4章　中国商业银行监事会制度有效性的影响因素分析

商业银行特殊性所形成的公司治理制衡结构间委托—代理关系的复杂性，决定了其在公司治理结构层次中内部监控制度安排的必要性与困难性。监事会制度作为中国商业银行公司治理结构核心制度安排之一，是针对银行内部监督制衡与约束控制所作出的制度设计与相应的机制安排，是通过监督控制职能的履行，最终实现银行利益价值最大化的目标。因此，为了确保其职能行使的有效性，就要分析监事会制度在公司治理制衡约束关系结构中的定位与作用，分析研究决定并影响监事会制度有效性的各种影响因素。

什么是影响监事会制度有效性的因素呢？根据《OECD 公司治理准则》，有效的公司治理制度具有国家特性，公司治理结构制度安排的有效性来源于国家的市场特征、制度环境与社会传统以及来自治理结构内部的协调度。根据这些标准，结合中国商业银行的实际，可以将影响监事会制度有效性的因素归纳起来，分为三类：第一类是影响监事会制度有效性的制度安排因素，主要从委托—代理层次结构关系、制衡约束的角度，在理论设计上对影响因素加以研究。第二类是影响监事会制度有效性的外部环境条件等因素，主要包括影响制度安排的国家特性、股权结构、市场特征以及法律规范和社会传统等。第三类是影响制度有效性的运转机制以及各类内部协调性因素，主要指监事会的独立性、人员的专业性与激励约束机制等。

4.1 监事会制度有效性的设计影响因素分析

4.1.1 公司治理的结构关系与内部监控制度安排

公司治理的实质就是通过建立一种组织结构框架和相应的系列制度安排，借以协调和处理公司内部各利益相关主体之间的委托—代理关系，以保证公司决策的科学化，以实现公司利益相关者的利益最大化。

公司治理结构的组织框架可以概括地分为狭义和广义的公司治理结构两个方面。狭义的公司治理结构指的是一种内部治理结构体系，主要通过股东、董事会、监事会等机构的设置，明确各机构的权责分配，达到三者之间权力约束与制衡的基本关系；广义的公司治理结构除了内部治理结构体系外，还包括人力资源管理、激励约束机制、财务预算制度、发展战略、企业文化等一切与企业管理控制有关的各种制度，甚至还包括外部的国家法律法规、会计制度和金融环境等。狭义的公司治理结构是以内部管理制度以及相应的机制有效运转实现公司利益的最大化为目标的；而广义的公司治理结构更多依赖于公司外部市场的约束控制条件，主要通过间接手段的运用达到公司治理的目标。两种公司治理结构观，虽然视角范围不同，但是其基础与实质都是相同的，都是试图形成一种权力分配与关系制衡的结构关系，通过明确股东、董事、监事、经理和其他利益相关人之间权力与责任的分配，确定公司的议事规则和程序，决定公司的经营目标、组织结构、实现的治理目标以及进行监督制衡的手段等。

典型的公司治理结构有如下特征：股东是剩余索取权的拥有者，通过投票权选择董事会；董事会选择经理管理人员；经营管理人员既是合同收入的索取者，又是剩余收入的索取者，拥有对企业日常经营的管理权；债权人拥有企业的一部分收入（利息收入），不具有投票权，但如果企业破产时，就取得对企业的控制权；职工拥有固定工资，不具有投票权，但企业破产时，职工优于债权人得到偿付。所以公司治理结构的实质是系列契约合同的组合，包括多种并存的、重叠的控制约束机制，机制运转的核心就是选择出企业的经营决策者，并对经营决策者施行一系列的激励和约束，以确保其作出最有效率的决策。

与一般企业不同，商业银行特殊的行业性质形成了其治理结构间复杂的委托—代理关系，与其他行业相比，涉及的其他利益相关者范围更加广泛、数量也更多，这种特性导致了商业银行公司治理结构关系的复杂性以及其内部监控制度安排的重要性。

在商业银行公司治理结构中主要涉及利益主体、利益主体代表与银行经营主体之间三个层次的委托—代理关系：第一层次，存在于利益主体与利益主体代表之间的委托—代理关系；第二层次存在于董事会与经营管理层之间的委托—代理关系；第三层次存在于经营管理层与下属各部门之间。具体到第一层次，这层次的核心是产权问题，主要涉及股东与其代表董事会的关系，主要通过股东大会实现股东对董事会的控制，由于董事会本身已经是大股东利益的代表，作为理性的经济人的代表，其行为目标具有一定的自发性与自觉性。对商业银行而言，这一层次的委托—代理关系主要是解决好包括中小股东、中小投资者以及职员在内的其他利益相关者的利益保护问题。

第三层次的核心是激励与约束问题，这层委托—代理关系的解决主要是通过激励与约束机制的建立，通过经营管理层一系列内部管理手段与规章制度来完成的，构成了银行日常经营管理的内容，相对而言，这个层次可以形成明确、具体的商业银行经营目标或经营战略，并且可以借助各种业务或财务指标来进行定性判断和定量绩效考核。

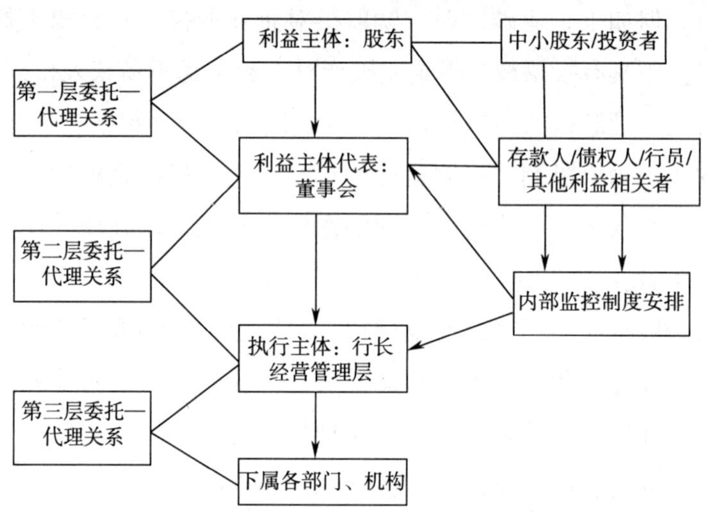

图4－1　商业银行公司治理结构中委托—代理关系

商业银行公司治理组织架构与制度安排主要是解决第二层次委托—代理关系的，这层次的核心环节就是决策与监督模式的构建与制度安排。相对一般企业而言，商业银行在这层次的委托—代理关系要复杂得多，这是由其行业特性所决定的：第一，商业银行经营资本的来源结构不仅包括股权资本，还有债权资本以及数额庞大的存款资金，这使得商业银行委托—代理关系中所涉及的利益相关者数量庞大，分布广泛，持有主体既有股东，也有债权人，还有数量庞大的存款人；第二，与一般企业不同，除了必要的人力资本、资本金等生产要素外，商业银行并不直接参加生产，经营对象主要是货币资本，在经营过程中，货币资本保持原有的形态，而银行只是采取与生产服务企业共享风险的方式来获取收益，表现为货币资本数量上的增长。这一特性决定了商业银行在经营管理过程中，决定货币资本保值和增值的根本性因素取决于所有者代表与经营执行者的专业素质、决策水平和经营效率。上述两方面的本质特性，直接导致了商业银行第二层委托—代理关系的复杂性，也决定了商业银行公司治理组织结构框架中内部监控制度设计与安排在监督银行经营活动、保护相关者权益方面的极端重要性。

因此，商业银行的公司治理组织框架是一个以权力分配与约束制衡关系为基础的结构，通过建立系统、有效的控制机制，选择出最有效率的决策者与经营执行者，并对决策者与执行者进行有效的激励与约束，以保证其作出正确有效的决策，从而保证银行各方面利益的最大化。而在良好的公司治理结构框架下，当选择出的决策者与经营执行者，在作出经营决策和业务执行时，对监督制衡、约束控制的执行主体，可能会采取的监控策略产生一个相对稳定的预期，而这些预期会对决策者和执行者的行为构成理性的、有效的激励和约束，这样在商业银行公司治理结构内部才形成了有效监控银行经营活动、关注和保护中小股东、存款人以及其他利益相关者的优化、完善的监督制衡关系。

从内部监控制度的重要性与委托—代理关系的复杂性考虑，需要对商业银行公司治理结构内部监督控制权行使的有效性作出全面性、系统性的制度设计、选择与安排：首先，需要对决策权和监控权的制衡组合模式进行设计和选择，而对组合模式的选择与安排决定了公司治理结构控制制衡关系的有效性；其次，第二层次委托—代理关系问题的解决需要内部监控制度的确定，以及相应运行机制的构建、监督控制主体职能的配置，而这种机制的运行与主体权责配置决定了内部监控制度实际运行的独立性与有效性；最后，第二层次委托—代理关系问题解决不仅需要内部监控制度的有效运转，而且还需要董事会内部各专业委员会、行内稽核审计等部门的共同配合才能完成。

4.1.2 影响监事会制度有效性的制度设计因素

在商业银行内部，在约束制衡与权力分配关系基础上所形成的公司治理结构框架，主要涉及三个权利主体、一个监督约束主体以及外部约束控制条件。三个权利主体分别是：体现资本所有权的股东大会、体现法人财产控制权的董事会和体现银行经营管理权的管理层，其中股东大会是一家商业银行的最高权力机构，董事会是最高决策机构，管理层则是银行经营管理的指挥控制中心；监督约束主体是指来自银行内部的约束控制，即内部监督约束主体，是银行内部最高监督控制机构；商业银行外部约束控制条件也具有控制机制性，包括产品市场、资本市场、并购市场、经理人才市场等为主要内容的外部约束控制权市场；以政府行政权力干预、监管为表现的外部权力的监督管理等。因此，商业银行公司治理结构就是构建银行内部决策权、监督权与执行权之间有效控制制衡关系的组织结构框架，并且在框架之上对银行决策权、监督权与执行权“三权分立，有效制衡”结构关系所作出的系列制度安排，即明确股东、董事、管理层和监事之间的权力与责任的分配，并决定银行经营目标和组织结构，以及实现目标和进行监督的手段。商业银行的公司治理结构的整体运转就是基于银行的决策机制、监督机制与执行机制及相应信息反馈处理系统的有机组合来完成的。

在现代商业银行公司治理监督制衡结构关系的制度安排中，决策权通常被安排给银行的董事会，经营执行权交由经营管理层负责，而在内部监督制衡、约束控制权的配置上则出现出较大差异，正是这种内部决策权、监督控制权在制度安排与权限配置上的差异性，构成了所谓的公司治理组合模式以及不同的内部监控制度安排，如

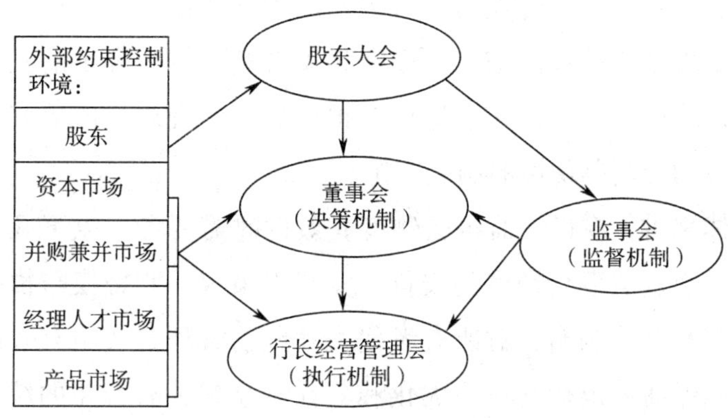

图 4 -2　商业银行公司治理组织结构框架

第三章所述的董事会制度与监事会制度平行的双层模式、董事会制度与外部独立董事制度一体化的单层模式，以及决策权与监督权高度统一的德国上下双层模式等。究竟选择采取哪一种监督制衡关系的组合模式，受到各国银行公司治理结构内、外部诸多因素的影响。但是，从根本上讲，无论选择和作出何种制度安排，构建商业银行内部监控制度的实质都是相同的，都是以“三权分立，有效制衡”为构建公司治理结构的基本原则，在此基础之上，通过内部监控制度的设立和选择，弥补外部监督约束控制条件的失灵，形成监督权、决策权与经营执行权的有效运转，处理好商业银行委托—代理关系，降低代理成本，解决内部人控制和经营风险问题。

监事会制度就是在公司治理结构监督制衡关系基础上设计和选择的以解决第二层委托—代理关系为主要目标的一种内部监控制度安排形式，监事会是银行内部监督权行使运用的主体，对银行内部董事会与行长经营管理层进行全面、独立和有力的监督与控制。从理论上讲，监事会制度设计与安排的有效性体现在：在银行公司治理结构框架下，当决策者进行决策，经营者进行执行时，会对监督者的监督约束产生一种明确的预期，这些预期又同时会对决策者作出决策、经营者进行管理时的行为构成理性的激励和约束，并在银行经营出现系统性风险前、在损害相关者利益行为发生前发现问题并迅速采取措施加以纠正，这样在银行公司治理结构内部就形成了一项有效的控制制衡性的制度安排。

具体来讲，在设计监事会制度有效性时需要考虑以下几方面因素：一是通过监事会制度的安排，实现决策权、监督权与执行权的三权分立和有效制衡，对所有者代表和经营管理者实施有效的监督控制，确保商业银行利益最大化和其他利益相关者利益的统一，使货币资本得到保值和增值，中小股东、行员、债权人在内的其他利益相关者的利益得到有效保护；二是通过商业银行决策制衡关系的组合，认真衡量决策权与监督权的代表性，即所选择的监事会制度的安排，能在真正有效控制制衡的基础上对董事与经营管理者等内部实际控制人进行有效的指导、控制和监督；三是在商业银行决策监督制衡关系中，所作出的监事会制度安排，有利于体现决策与监督控制的平衡关系，也利于体现监督控制运转机制的独立性和有效性；四是在商业银行内部，通过董事会制度、监事会制度在监督控制权限上的合理配置，充分体现两种性质监督约束的关联性和有效性。

4.2　监事会制度有效性的外部影响因素分析

影响中国商业银行监事会制度有效性的外部因素，主要来自股权结构、国家特性、市场特征以及社会传统等方面，主要涉及股权结构、外部约束控制权市场、外部权力监督管理与社会法律制度环境与文化传统等。这些外部影响因素所形成的外部监控条件与状况是决定商业银行公司治理结构中采取何种类型监控制度以及制度有效性发挥程度的重要外部决定条件。内外部因素之间是互相补充，此消彼长，相互弥补的关系，是基于本国实际情况所作出的一项制度选择，当外部监控力量较强，条件比较完善时，银行内部监控制度安排可以相对简化，利于降低监控成本；相反，如果外部监控力量较弱，条件并不完善时，银行内部监控制度安排则应强化，以防止银行公司治理结构监督制衡关系的失效。

4.2.1　股权结构

公司治理的实践经验表明，股权结构对公司治理结构与制度设计具有先天性的影响，股权结构基本上决定了公司治理决策控制权、监督控制权的配置组合模式和格局，也决定了不同所有者之间、经营管理者之间的委托—代理关系。因此，股权结构的实质是影响监事会制度有效性的基础性因素，一般而言，有什么样的股权结构就有什么样的内部监控制度、就有什么样的运转机制与之对应。美英等国商业银行高度分散的、流动化的股权结构所导致的股东监督缺位，要求其内部监控制度能够对董事、管理层等内部人形成强有力的监督约束与控制，从而有效保障广大中小股东的权益。而德国商业银行高度集中的股权结构所导致的控股股东的强大权力，则要求其内部监控约束制度在有效监督内部人控制的同时，还要承担对大股东的监控与隔离，承担着双重的监督制衡作用。

中国商业银行监事会制度作为我国银行业公司治理结构中内部监控制度的安排形式，其有效性同样也受到银行股权结构的影响，在不同股东类型、不同股权集中度的基础上，监事会制度的职能、作用，所面临的主要矛盾，制度设计的重点都存在着很大的差异性，本书将在第六章对此进行详尽分析与研究。

4.2.2 外部约束控制权市场

商业银行外部约束控制权市场也具有监督控制性，即通过外部产品市场、资本市场、公司控制权市场、经理人才市场等为主要内容的外部治理监督控制机制对银行内部董事、经营管理者产生压力，迫使其放弃自己的私利，转而追求银行利益的最大化。

国外发达国家商业银行公司治理实践表明，外部约束控制权市场作为商业银行外部监控的重要手段，是现代市场经济体制借以解决委托—代理和公共选择问题，实现激励约束，有效提高代理效率的重要外部监控机制。当银行的董事、经营管理者出现不当行为时，有关信息传递到外部约束控制市场后，会对有关人员所在银行资本的筹集、日常经营产生严重的影响，将会导致有关银行被他人收购并使董事、经营者丧失职位、影响董事或经营者在经理人才市场上的报酬评价、影响经营者任职银行商品或服务的销售等，这些都是促使董事、经营者为银行利益努力工作的必要因素。

在外部约束控制权市场中资本市场是重要的基础性市场，其市场的有效性是外部控制权市场监督作用发挥的重点。外部资本市场控制权交易行为包括合并、善意或敌意收购以及代理权争夺等。外部资本控制权市场与银行内部监事会制度之间存在较强的互补性，外部控制权市场收购与兼并功能的存在客观上促使监事会制度的有效运转。监事会制度的有效运作，也增强了外部资本控制权市场的治理功能。外部产品竞争市场的存在也对银行监事会制度有效性产生着激励约束作用，对银行公司治理结构产生着重要影响。当产品市场充分竞争时，监事会成员认识到，如果不能有效发挥其监督制衡的作用，因董事或经营管理人员的不当行为而导致的企业价值下降，他们的职位将有可能不保，从而促进监事会成员更加努力地工作，以维护银行良好的经营状态，另外，监事会制度的有效运作，起到了有效的预防作用，使银行价值不断上升，增强了银行的竞争实力，避免了恶性竞争，从而使产品市场的竞争趋于规范。

外部约束控制市场之所以可以成为商业银行的有效的外部监控机制，并对银行董事、经营者等产生压力，根本原因在于：公司治理的产生必然会导致代理成本的产生与增加，而这一成本需要由银行股东和经营者共同承担，所以双方都会自发找出或设计出成本效益率相对最优的监督控制机制，在尽可能减少代理成本的同时，提高监控制度的有效性。因此，外部约束控制权市场的存在与发展程度，直接制约并影响商业银行内部监控制度的选择标准、设计形式与运行效率。

相对于国外商业银行所具备的外部监控环境与条件，我国经济转型期的特殊背景决定了中国商业银行外部治理环境和条件的完善需要经历一个较长的过程。总的来说，中国商业银行面临的各种市场体系不完善，外部监控力量薄弱，作用有限，需要强化银行内部监督控制的力量与作用。

从外部约束控制权市场看，外部监控作用非常有限甚至部分失灵。资本市场近年来虽然在我国有了巨大的发展，但在我国经济转型的背景下，由于股票市场分割、信息披露不完全等原因，存在着法律失灵、管制失灵等现象，部分处于无效市场状态。另外，我国特有的股权结构，国有股、国有法人股处于控股地位，同时为了保持这种绝对的控股权，大量股权实际上是难以真正流通的，所能流通的股权所占比例也很有限，这就在很大程度上削弱和限制了资本市场优化配置资源的效率与功能，也使得中小股东对商业银行内部董事、行长经营管理层等内部控制人的股权约束手段难以奏效，即通过对银行表现不满意的中小股东“用脚投票”导致股价下跌的作用难以发挥。同时，市场上商业银行股权流通比例小也使得外部力量很难通过二级流通市场取得对中国商业银行的控制权，这样即使出现银行内部控制人表现不好、银行经营绩效欠佳等状况，商业银行也难以直接受到来自资本市场兼并和收购的威胁。我国外部控制权市场的不完备性使之难以承担起对中国商业银行进行外部监控的功能，特别是占据控股支配地位的国有股、国有法人股权流通缓慢，以及相应法律措施的滞后，使得资本市场对于改善银行公司治理的作用更加有限。因此，强化内部监控成为现阶段优化商业银行公司治理结构的唯一可行的选择。

外部人才经理市场对商业银行的监控作用也有限。中国商业银行目前的股权结构与我国资本市场的现状都在很大程度上限制了外部人才经理市场在约束控制银行董事与行长经营管理者行为等方面作用的发挥，导致银行内部实际控制人缺乏约束过度追求自身与机构私利行为的自觉性。我国所特有的党管商业银行人事和干部的管理体制，基本上隔绝了外部人才经理市场对中国商业银行的监控作用。另外，中国金融市场产品与服务体系还未真正形成，各商业银行之间的同质竞争严重，差异化竞争并不激烈；金融相关法律体系还不够完善，社会信用体系和声誉保证机制还没有完全建立，这些都使得中国商业银行所面临的外部监控力量薄弱。

在外部文化传统上，我国文化比较崇拜集体主义，通常将集体决策放在首位，个人不会或者难以左右集体的决策，个人习惯于被某种权力氛围所包围，习惯于被领导、被管制，个人比较服从权威，这使普通民众存在着对集中权力的信任和膜拜①。在这种文化氛围中，普通个人很难发挥出对集体的监督控制作用，需要成立专门的监控权威机关来监督决策与执行。在我国，虽然强调职工在企业中的利益，并在银行内部建立了相应的工会组织，但实际上这些工会

---

① 蒋大兴：《独立董事——在传统框架中行动——超越公司治理结构改革的异向思维(下)》，载《法学评论》，2003（3）。

组织，特别是基层部门的工会已经完全蜕变成为举办各种文艺活动、发放福利等的机构，在劳资关系上难以发挥出重要作用，使得银行内部职工完全听命于内部管理层，更谈不上对董事、管理层进行有效监督和控制了。

4.2.3　外部权力监督管理

无论在任何国家，外部行政权力的管理与监管都是存在的，这种外部行政权力监督与管理存在以及其影响力的大小对于银行公司治理结构及其监控制度的选择与确定有着十分重要的影响。

外部行政权力的监督管理，就是通过外部政府行政权力的干预，促使银行公司治理结构按照政府当局预设的目标运转。外部行政权力监督管理存在的原因在于：虽然外部约束控制权市场会起到一定的银行公司治理外部监控机制的作用，但是由于市场的不完整性，外部约束控制权作用的发挥十分有限，其中资本市场上信息传递的不对称、不完全和不透明性，导致市场中各种操纵、影响股票价格的违法行为的存在，使资本市场监控功能难以做到及时有效；公司控制权市场监控功能的发挥取决于银行是否具有分散化的股权结构，对于股权集中的银行股权结构，外部控制权市场难以产生监控效用；经理人才市场监控作用的发挥，取决人才市场的高度发达性与高度流动性，而这两个要素在市场化程度较高的国家中才比较成熟；商品竞争市场监控作用的发挥取决于相关商品领域竞争激烈程度以及相关价格信息的及时传递，但对于具有垄断性或规模性的商业银行来讲，其经营结构在一定程度上影响了竞争市场监控功能的有效发挥。

正是因为上述外部约束控制市场存在一定程度的失灵问题，鉴于商业银行经营发展与经营状况对于社会经济发展的重大影响，行政当局作为社会秩序的管理者，往往出面代表社会大众对商业银行经营情况加强监管来弥补外部市场与银行内部结构治理的缺陷：一方面，通过专业化的监管措施，如加强资本充足率监管，提高风险的资本保证和所有者责任；加强机构、业务准入监管，使得银行业务发展与风险管理能力相匹配等，以此来促进银行审慎经营，防止银行业盲目扩张和非理性经营，控制其经营风险，保护存款人和其他利益相关者的利益。另一方面，通过建立存款保险制度等，防止银行发生危机后，风险的扩散以及对社会政治经济所造成负面冲击和影响，维护存款人信心和银行体系的整体稳定。

外部行政权力的监督管理对商业银行的发展与内部监控制度的安排影响是非常深刻的，但我国的金融监管体系正在建立和调整过程中，还需要进一步完善，在信息不对称、金融监管不完善、金融市场不发达等条件下，完全依赖金融监管当局实现对中国商业银行内部控制人经营活动与行为的全面、及时和有效监控是不现实的。另外，过度依赖于外部行政权力的监督与控制，也会导致另一种问题的产生，就是外部行政权力容易膨胀成为主导型的监督控制力量，如我国对国有商业银行委派外部监事会的制度，实质上就是这种外部行政权力监控机制的典型代表，而实质上外部行政权力对商业银行的监控方式应该是间接的，而不是对银行内部监控力量的替代，是利用行政手段为各类商业银行正常运营、公平竞争创造出和谐的市场环境，法制条件以及高效的发展环境，特别是在我国这样一个经济转型的国家中，行政当局监控职能的转变以及对国有企业管理体制的变化，都会对中国商业银行公司治理结构以及相应的监事会制度有效性的发挥产生重要的影响。

4.2.4 外部法律制度环境与文化传统

一国的法律制度受到所在国文化传统、发展历史、经济水平多种因素的制约，因此法律制度与规则设计存在着制度惯性与历史路径依赖性。对内部监控制度的影响也存在这种惯性与依赖性，而且在很长一段时间内，公司监控结构的变化也会依此路径发展下去①。美英等国商业银行所实行的“单层模式”的独立董事制度，是在现有法律框架内对传统“一元化”的决策、监控集于一身的董事会制度的一种突破；德国商业银行在对内部监控制度的优化进程中，始终在其“双层模式”下进行，因此，这些国家银行内部监控制度优化与改革都表现了对法律制度发展与传统文化的尊重。监事会制度同样是这种制度惯性与历史发展路径下的选择产物，并受到外部法律制度与文化传统的制约，尤其是法律制度甚至会在很大程度上影响和制约着监事会制度及其机制运转有效性的发挥。

公司治理结构中内部监控制度安排与相应的监督权限行使主体的建立是实现监事会制度有效性的必要前提，但仅作出制度安排与建立主体是远远不够的，法律制度明确而清晰的权力范围的落实与责任边界的明确，是决定监事会制度有效性的前提与基本保障。中国商业银行形式上十分清晰的双层公司治理结构，在实际运转过程中却出现了公司治理结构的扭曲，从而影响了决策与监督控制权限行使的独立性、有效性与协调性，根本原因在于对监事会制度的权力规定得不够明确，特别是缺乏监事会行权保障机制；这是对于决策、监督权责边界划分不清、权责不对称所导致的必然后果。

4.3　监事会制度有效性的内部影响因素分析

尽管影响监事会制度有效性的外部因素很多，但对于中国商业

① 蒋大兴：《独立董事：在传统框架中行动——超越公司治理结构改革的异向思维（上）》，载《法学评论》，2003（2）。

银行自身而言，都属于外部辅助性的监督控制力量，并不能代替银行公司治理结构内部监控制度本身直接参与到银行内部经营管理与监督控制过程中去，只能起到外部发现与事后裁决的作用。从制度运转有效性的公司治理实践来看，监督控制职能的有效发挥都依赖于内部影响因素安排的合理性与可实践性，其中涉及几个核心问题：一是制度的独立性，主要表现为制度执行主体运转的独立性；二是制度的成熟度，主要是由制度执行主体的专业能力与水平来表现；三是制度的效率性，这主要取决于对制度执行主体内部的激励约束机制。因此，可以将影响监事会制度有效性的内部因素归结为三类：第一类是独立性因素，它是决定中国商业银行监事会制度有效性的前提，只有首先确保监督控制者对被监督对象的独立性，才能谈得上监督控制职能有效性的发挥，这些因素主要包括监事会规模与结构、监事会运行状况、监事会运转独立性等；第二类是专业性因素，它是决定监事会制度有效性的基础，主要包括监事的专业水平与胜任能力；第三类是激励性因素，这是决定监事会制度有效性发挥的动力性因素，主要是指监事会的激励约束机制，只有具备了一定的动力机制，才能确保监督控制职责履行的效率。

4.3.1 独立性因素——执行主体的独立性

独立性是监事会制度有效性的实质，这种独立性主要表现在制度执行主体——监事会的独立性上，监事会作为公司治理结构内部监督控制权限行使的主体，其独立性决定和影响着制度整体有效性的发挥。监事会的独立性主要体现在两方面：一方面是监事会与董事会、银行经营管理层相分离，能够独立运转，行使监督控制职能，这主要是由监事会规模与结构、监事会运行状况所决定的；另一方面是监事会运转的独立性保障，监事会运转的独立性越强，越有保证，对董事会等内部人的监督控制能力就越强，才能有效避免大股东、董事内部人等利用商业银行经营的特殊性来获取私利，从而有效保护中小股东、广大债权人、存款人的根本利益。监事会运转的独立性是通过监事聘任、委员会设置等措施加以保障。

（1）监事会的规模与结构

良好的监事会规模与结构是监事会独立运转的前提条件，也是强化监事会制度有效性最基本的组织保障。作为前提条件之一，监事会规模的大小即监事会总人数的多少是决定其能否有足够的人力履行职能，行使监督控制权的基本保证。有别于其他行业，影响商业银行监事会规模的因素，不仅有行业性质、兼并、企业偏好、外部压力等，更重要的是由所监督控制对象规模的大小所决定的，但监事会规模应该是大还是小，多少合适，却存在着很多争议，也缺少这方面的实证研究，但对中国商业银行而言，监事会规模的确定既要考虑银行资产规模的大小，还要在保证制度有效履行的前提下，应以较低的治理成本，取得较高的监控收益与效果。

相对于监事会合适规模的难以确定性，其成员来源结构方向却是明确的。监事会成员的来源结构决定了监事会制度的利益取向、监控方式与监控特性，这是影响监事会制度有效性和独立性的重要因素。从理论上讲，监事会成员来源于外部相关利益者越广泛，越能够充分代表和表达不同利益体的监控需求，越能够充分保护中小股东、广大存款人和其他利益相关者的权益。

（2）监事会的运行状况

监事会的运行状况主要是通过监事会全年会议次数、监事出席会议比例、监事会独立发表意见或报告、监事会与董事会、经营管理层沟通、监事会与其他利益代表沟通等来表现，其运行状况决定了监事会运转独立性的程度以及监事会制度有效性发挥作用的程度。

一般而言，中国商业银行监事会制度监控职能的履行，主要是通过监事会召开会议、审议决议和发表意见来实现的，而会议召开的次数则是由所在银行资产规模、业务经营范围和状况所决定的，相对于中小型股份制商业银行，大型国有控股商业银行监事会所面对的是更多的事务与更复杂的经营环境，因此，需要更多的监控与意见表达，更多的沟通与协调，也就相应地需要更多的会议次数。监事出席会议比例是监事履行监督控制职能，行使监控权利的主要形式，同时也是衡量监事履职的主要指标。监事会与董事会、经营管理层以及其他利益代表沟通，是解决信息不对称，互相增进了解，深入研究银行经营管理情况的有效手段。监事会审议决议和意见发表，是监事会独立行使权限，有效监控的重要方式和表现。

（3）监事会运转的独立性

监事会运转的独立性主要是指对监事会运转独立性的保证，这也是监事会制度有效性的根本保障，监事会运转的独立性越强，对决策权、经营执行权的监督制衡性就越强，对董事、经营管理层的监督控制力就越强，才能有效保护中小股东和广大存款人的利益，有效解决内部人控制问题，控制银行经营风险。监事会独立性主要通过监事选拔聘任方式、内外部监事设置比例、下属委员会运行状态来衡量。其中监事选拔与聘任方式，内外部监事设置比例，必须要依照透明、正式的制度规定来进行，这是保证监事会独立运转的最重要因素，也是衡量监事会独立性最重要的判断依据。因为监事会组成人员数量有限，由谁选派代表出任，就代表了不同的利益主体，就代表了不同的利益代表行使监督控制权限。中国商业银行的董事会往往只考虑了大股东和内部人的利益，虽然近年来独立董事在董事会中的比例有所扩大，也发挥了一定的作用，起到了一定的监督制衡作用，但因职能定位不清晰、错位，而且受到产生方式、履职的业余性、时间、能力等各种条件所限难以做到参与银行决策形成的全过程，在商业银行董事会兼职的独立董事实质上在公司治理机制运转过程中难以在董事会对大股东、银行内部管理层形成有效的影响、监督和制衡。因此，监事会运转要具备和保证独立性，充分发挥监事会制度的有效性，其成员代表必须是真正意义上的完全利益主体的代表，这样才能够对董事会、经营管理层进行监督和权力制衡，发挥出有效监督制衡与控制约束的作用，从而达到优化中国商业银行公司治理结构的目标。

监事会下属委员会，是实现监事会制度监控职能，监事会行使权力的必备内部常设机构，也是监事会独立运转的重要保证。监事会虽然是监事会制度的执行主体，但却是一个以召开会议方式实现内部监控的机构，即监事会监督控制权限的行使必须在监事会会议上才能够进行，但由于会议频率、人数召集等客观条件的限制，监事会每年召开的会议次数有限。而且监事会作为一个会议机关，通常是以对议案进行讨论和表决的形式进行，但议案的提出，必须具备一定的专业性，需要监事会召开会议前的广泛调查与研究才能形成，这就需要通过常设的下属委员会在监事会闭会期间研究、草拟和提出供监事会会议讨论表决的议案。另外还需要下属委员会对董事、经营管理层等内部人进行日常履行职务、经营管理活动的过程进行研究与评估，以备监事会召开会议行使监督控制职能时使用。

4.3.2　专业性因素——监事胜任工作能力

监事会制度具备执行主体结构与运转机制后，监事们胜任工作的能力即监事工作能力与专业水平就成为决定监事会制度正常运转和制度有效性发挥最重要的具体要素。监事胜任工作能力主要包括监事会主席胜任能力和其他监事胜任能力两个方面。一是关于监事的专业背景结构、年龄结构、学历结构、参加学习培训等基础能力，这些能力主要决定了监事对银行经营管理和专业新知识的掌握水平、对银行风险状况的研判能力等；二是指监事出席会议比例、工作时间等，这决定了监事参加工作的主动性、积极性与勤勉程度以及监事在行使职权过程中与其他监事的合作精神，也间接决定了监事会制度作用发挥的有效性。

4.3.3 效率性因素——监事的激励约束机制

科学的激励与约束是调动监事履职积极性与效率性的有效驱动，也是提高监事会制度有效性的重要手段。监事会权力的行使只有在利益驱动下才能够有效运转，从中国商业银行的实际情况来看，对监事的激励主要就是薪酬，包括薪酬数量与发放形式以及一些福利，并不包括股票、期权等国外商业银行常用的激励措施，这样做的优势在于可以有效避免监事监督控制的短期行为和失职行为，避免因股票价格变动影响监事监督控制职能的行使。但是在对监事的激励中，有必要向监事提供必要的福利，如为监事购买责任保险、办理退休年金，以解除监事履行监督职责的后顾之忧。

对监事的薪酬激励必须与对监事的考核约束有机地联系起来，现阶段对监事的约束主要是来自股东大会的约束考核以及来自证监会、银监会等监管机构的外部约束。股东大会主要是通过召开大会的形式行使对监事的约束权利。对监事会的考核需要通过建立整套定性与定量相结合的考核评价体系与机制来进行，从专业性、工作能力与敬业勤勉性等方面对监事履职情况进行考核，并与监事的薪酬激励与发放相结合。

第 5 章　中国商业银行监事会制度有效性的实证检验

监事会制度所担负的重要职能，随着实践中商业银行公司治理结构优化不断深入的要求，客观上需要对制度有效性的理论研究从规范研究分析转到运用实证检验方法来验证，这成为一种必然的发展趋势和方向。

5.1　中国商业银行监事会制度有效性的评价指标体系

随着公司治理理论的发展，对于公司治理水平的评价研究也更加深入，评价也从理论研究向实证性与综合性方向发展。国外比较成熟的公司治理评价系统主要有标准普尔的公司治理评分、穆迪的公司治理评估和戴米诺的公司治理评级，但由于以英、美等发达国家为代表的公司治理“单层模式”，其商业银行公司治理结构的内部监控制度安排并没有采取监事会制度的形式，而是通过独立董事制度和外部约束控制市场来履行监控职能，因此，这些知名公司的公司治理评价指标体系，并没有涉及对监事会制度的评价。另外，中国商业银行监事会制度的差异性也使得以“双层”公司治理模式国家商业银行监事会制度的评价参考价值也比较有限。

5.1.1 监事会制度有效性评价的研究现状

作为公司治理结构的重要组成部分，我国目前仅有三个系统涉及对上市股份公司监事会制度的评价，即南开大学公司治理评价系统、中国台湾辅仁大学公司治理评价系统和鹏元资信评估有限公司与深圳证券信息有限公司合作开发的“上市公司治理评级体系”。其中，只有南开大学公司治理评价系统将监事会制度作为治理结构中一个独立的子系统来进行评价，该中心推出的监事会制度有效性评价指标体系，包括3个一级指标，14个二级指标，涉及监事会运行状况、规模与结构、监事胜任能力三个方面的评价内容，虽然具有数据可获得的优势，但主观类指标性的增加与独立性指标的缺失，却使得评价指标设计中主观判断维度过大。另外两个评级体系并没有把监事会制度作为一个独立的系统来予以评价，而是与董事会制度的评价结合在一起进行的，相对而言缺少评价的系统性。

国内一些学者和研究机构对我国上市公司监事会制度有效性设计了内容各异的评价指标体系，并就制度有效性与企业绩效关系进行了实证研究。如王淑慧和童宁（2009）以128家上市公司2005～2007年三年数据为样本，根据监事会年度会议次数、规模、外部监事会比例、监事会持股比例五个因素设计了监事会治理评价指标体系，并实证研究了监事会制度对公司业绩的影响，结果表明监事会制度在公司治理中发挥了较大的作用。赖磊和张婕（2003）根据上市公司的股权结构、股东权利、财务透明性与信息披露等因素，构建了董事会、监事会和经理层构成与运作的评价体系，但体系中只涉及监事会运作的评价指标。李维安和郝臣（2006）根据上市公司监事会运行状况、规模结构与监事胜任能力三方面设计了评价指标并与公司绩效进行了实证分析，表明上市公司监事会制度有效性偏低，监事会虚置现象存在，监事会制度有待进一步优化。王丽敏、王世权（2007）对民营上市公司监事会治理实证研究分析后表明，民营上市公司监事会治理整体水平不高，并呈现出较强的区域和行业差异。

还有一些学者结合银行业的特性与中国商业银行公司治理改革的实践，对我国商业银行公司治理进行了实证研究，取得了一定的进展，如赵昌文和杨记军（2009）对国有控股银行、股份制银行与地方城市银行公司治理与银行绩效之间的关系进行了实证研究，表明了股权结构、董事会规模与独立董事与银行业绩之间存在的影响关系。林旋和刘方（2010）以上市银行为对象，选择公司治理结构变量与绩效变量，研究两者之间的关系，结果表明董事会制度对银行绩效影响较大，但在其公司治理结构变量中并未考虑监事会制度的因素。

由于针对中国商业银行公司治理评价兴起时间不长，数据收集也存在很大的难度，因此实证研究相对较少，其中涉及对监事会制度有效性的评价与实证检验更是少有触及。已有的实证研究中，巩师恩（2009）实证研究了公司治理结构中股权结构、董事会、监事会与经营管理层特征与银行绩效之间的关系，表明股权结构、监事会与银行业绩无相关关系，董事会相关性较强，但其在对监事会特性进行的研究中仅选取了规模与会议次数两项指标作为参数。李献平（2010）根据中国商业银行的实际情况构建了一个五维度的公司治理评价指标体系，其中对监事会制度仅设置了两项指标。

作为中国商业银行公司治理结构的重要组成部分，内部监控制度的安排，监事会制度有效性究竟如何，是否在中国银行业公司治理实践运转中发挥出了应具有的监督控制职能作用，是提高我国银行业公司治理质量，防范银行经营风险，衡量和检验银行内部监督控制水平，优化公司治理结构的基础。因此，结合中国商业银行自身环境条件与公司治理改革发展特点，设计和制定出客观评价我国银行业监事会制度有效性的评价指标体系并进行相关的实证检验具有非常重要的现实意义。

5.1.2 监事会制度有效性评价指标的设计

在中国商业银行公司治理结构中，监事会制度作为内部监控制度的安排形式，其基本职能是对银行内部董事会与行长经营管理层的监督制衡与约束控制，监控内容主要是对银行业务经营、风险控制与财务状况的监督。因此对监事会制度有效性的评价设计主要应达到以下三个目标：首先必须以是否有效进行监督与控制为目标，从影响制度有效性的因素出发，设计监事会制度有效性的评价指标体系；其次通过有效性评价指标体系的构建，可以准确发现监事会制度运转中存在的问题，及时采取措施加以完善解决，利于监事会制度有效性的提高；最后在构建有效性评价指标体系时，所选取的指标不仅要能够全面反映监事会制度的有效性，而且指标之间要具有一定的可比性。

综合上述目标，在构建中国商业银行监事会制度有效性评价指标体系时，必须遵循导向性、系统性、可比性、规范性、可操作性和简洁性的原则。

导向性。即所选择的每个具体统计指标要符合中国商业银行监事会制度有效性评价的要求，能够在一定程度上体现监事会制度有效性的内涵和特征，对提高制度有效性有明确的、积极的指导作用。

系统性。即评价指标体系的设计应综合全面考虑中国商业银行监事会制度有效性的各个方面，避免单一因素导致的片面性，使评价结果能够系统、全面地反映监事会制度有效性的整体水平。

可比性。即要求指标体系中的各个指标设计概念完整，内涵明确，并且具有唯一性；计算和计量的范围、口径等必须一致，统计时间要一致，计算方法要统一。

规范性。即指标体系的设计，要根据国家有关公司治理、银行公司治理等法律制度规定来进行，在这些条文的规定下，结合中国商业银行的实际情况，设计相关指标。

可操作性。即指标的选取要立足客观现实，并且尽可能计算简便，公式中的参数易于获得，便于理解，尽可能利用已有的信息资源，指标在数量上要少而精，在实际应用过程中要方便，具有可操作性。

简洁性。即在选取评价指标时，尽量选择有代表性的指标，以简化评价指标体系，减少指标数量，使指标体系操作起来更加方便。

5.1.3　监事会制度有效性的评价指标体系

遵循以上指标体系设计原则，综合借鉴国内外理论与实证研究成果，结合中国商业银行监事会制度实际运作的现实特殊性，以及《上市公司治理准则》、《公司法》等我国有关上市公司、商业银行公司治理的法律法规，并考虑到相关数据的可得性，本书主要从监事会规模与结构、监事会运行状况、监事会独立性、监事胜任能力和对监事的激励与约束 5 个方面 17 个因素作为衡量中国商业银行监事会制度有效性的指标（如表 5－1 所示）。

表 5－1　　中国商业银行监事会制度有效性的评价指标体系

一级指标	二级指标	三级指标	指标解释
监事会规模与结构	监事会规模	监事会总人数	考核监事会规模的合理性
	监事会结构	内外监事比例	考核监事会人员构成与利益来源代表结构情况
		职工、股东监事比例	
		中小股东/其他利益者监事	

续表

一级指标	二级指标	三级指标	指标解释
监事会运行状况	会议次数	年开会次数	考核监事会监督行为的有效性
	亲自出席比例	监事出席会议比例	
	监事会发表独立意见情况	监事会纠正财务报告不实之处的次数	
		监事会否决董事会决议的次数	
		监事会纠正经理人员违规行为的次数	
	与董事会、管理层的沟通	制度建立	考核监事会与董事会、经理层的沟通状况
		执行情况	
	与其他利益相关者的沟通	制度建立	考核监事会与其他利益相关者的沟通状况
		执行情况	
监事会独立性	监事聘任	制度建立	考核监事聘任程序是否规范
		监事提名权（政府/大股东/董事会）	
	外部监事设置	外部监事占比	外部监事/监事会总人数
		中小股东/其他利益者监事占比	其他利益代表监事/监事会总人数
	次级委员会设置	设置情况	考核次级委员会设置是否符合规范，运作是否正常
		年开会次数	
	两职分离	监事会主席是否兼任党政职务	考核独立性的重要指标
监事胜任能力	监事会主席胜任能力	监事会主席学历	考核监事会主席胜任工作的能力
		监事会主席年龄	
		监事会主席专业背景（政府、银行、会计、法律、管理）	
	其他监事胜任能力	其他监事学历	考核其他监事胜任工作的能力
		其他监事年龄	
		其他监事专业背景（政府、银行、会计、法律、管理）	
	监事学习情况	监事培训学习业务	考核监事业务提高情况
	监事工作时间	监事平均工作时间	考核监事工作投入时间

续表

一级指标	二级指标	三级指标	指标解释
监事的激励与约束	监事的激励	薪酬数量	分别考核监事会主席、外部监事、职工监事和股东监事的薪酬数量
		薪酬形式	年薪、奖金，考核监事薪酬与银行业绩的关联度
		监事福利	保险、退休金，考核监事的后顾之忧
	监事的约束	股东大会年召开次数	考核股东大会监督情况
		国有及国有法人持股比例	考核股权结构
		监事的考核	考核监事考核制度的建立及其执行情况

5.2　中国商业银行监事会制度有效性的实证检验

5.2.1　监事会制度有效性的描述性统计分析

本章以本书研究对象的 14 家中国股份制上市商业银行为样本，即以工商银行、中国银行、建设银行、交通银行、华夏银行、浦发银行、深圳发展银行、兴业银行、招商银行、中信银行、民生银行、北京银行、南京银行和宁波银行为研究对象，对比分析这些银行在 2007 年、2008 年和 2009 年监事会制度有效性状况，所使用的数据主要来源于各银行相应年份的年度报告。

理论上影响中国商业银行监事会制度有效性的因素主要是根据上节所列的监事会规模与结构、监事会运行状况、监事会独立性、监事胜任能力和对监事的激励与约束 5 个方面 17 个因素来描述分析的，但实践中考虑到数据的可得性以及各因素间的多重共线性，本书选取了相对重要并且根据各家银行年报资料能够得到准确数据的指标，对2007～2009年中国商业银行监事会制度有效性进行描述性统计分析。

（1）监事会规模与结构分析

①监事会规模

近三年来，中国商业银行监事会规模特征如表5－2所示：

表5－2　　2007～2009年监事会规模特征

统计量	2007年	2008年	2009年
样本容量	14.00	14.00	14.00
均值	8.14	8.21	8.14
中位数	8.50	8.50	8.00
众数	9.00	9.00	9.00
标准差	1.83	1.89	1.70
最小值	5.00	5.00	5.00
最大值	11.00	11.00	11.00
变异系数	0.22	0.23	0.21

通过表5－2分析可以看出，2007～2009年中国股份制上市商业银行的监事会规模都在5～11人，符合我国《公司法》的有关规定，且大部分银行监事会均由9人组成。从监事会规模的变异系数可以看出，监事会的人数分布趋向集中。2009年监事会规模的变异系数为0.21，小于2007年和2008年的变异系数，说明2009年监事会人数分布更集中于均值8.14人附近。

从图5－1可知，与2007年和2008年相比，2009年商业银行中监事会人数为7人和11人的银行所占比重不变，监事会人数为5人的银行所占比重下降，监事会人数为6人和8人的银行所占比重增加。

②监事会人员结构

从监事会人员构成上来看，监事会由外部监事、职工监事、股

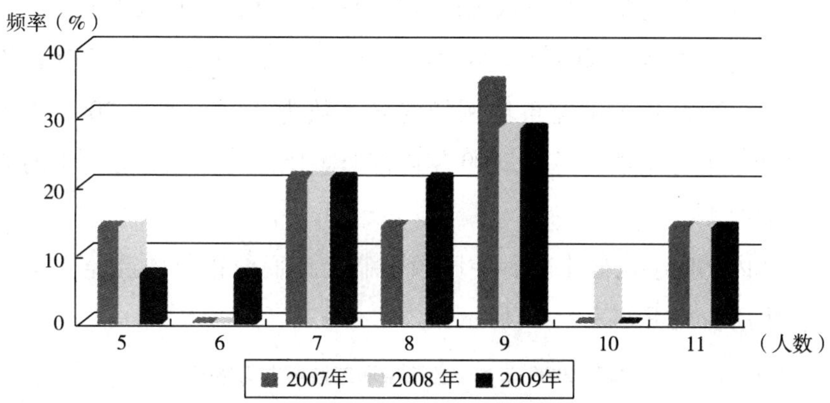

图 5－1　2007～2009 年中国股份制上市商业银行监事会规模频率分布

东监事、其他利益相关者监事构成。本部分把职工监事和股东监事统称为内部监事，把外部监事和其他利益相关者监事统称为外部监事，以便于考察监事会的内外部监事构成情况。表 5－3 是近三年来中国股份制上市商业银行监事会内部监事比例特征。

表 5－3　　2007～2009 年内部监事比例特征

统计量	2007 年	2008 年	2009 年
样本容量	14. 00	14. 00	14. 00
均值	0. 77	0. 77	0. 77
中位数	0. 78	0. 78	0. 75
众数	0. 78	0. 78	0. 71
标准差	0. 09	0. 09	0. 08
最小值	0. 60	0. 60	0. 67
最大值	1. 00	1. 00	1. 00
变异系数	0. 12	0. 12	0. 10

从表 5－3 分析可以看出，近三年来，中国 14 家商业银行的内部监事在监事会中所占比例平均在 77% 左右，最高达 100%（只有中国银行未设置外部监事）。2007 年和 2008 年内部监事比例为 78% 的银行最多，且内部监事比例的最小值为 60%；2009 年内部监事比

例为71%的银行最多，且内部监事比例的最小值增加为67%。

从内部监事比例的变异系数可以看出，内部监事比例的分布趋向集中。2009年内部监事比例的变异系数为0.10，小于2007年和2008年的变异系数，说明2009年内部监事比例的分布更集中于均值77%附近。

从内部监事构成来看，中国股份制上市商业银行内部监事中职工监事所占比重如表5－4所示：

表5－4　2007～2009年内部监事中职工监事占比特征

统计量	2007年	2008年	2009年
样本容量	14.00	14.00	14.00
均值	0.47	0.48	0.52
中位数	0.44	0.44	0.50
众数	0.43	0.43	0.43
标准差	0.08	0.10	0.10
最小值	0.33	0.33	0.40
最大值	0.60	0.67	0.71
变异系数	0.17	0.21	0.19

表5－4分析可以看出，平均而言，2007～2009年中国股份制上市商业银行内部监事中职工监事所占比重逐年增加。2009年，内部监事中职工监事所占比重平均为52%，大于2007年和2008年的平均水平。2009年，内部监事中职工监事最高占比为71%，最低占比为40%。近三年来，内部监事中职工监事所占比重为43%的银行最多。

（2）监事会运行状况分析

监事会运行状况是形成监事会制度有效性的关键性因素之一，监事会制度监控职能作用的发挥以及发挥作用的程度是本书关注焦点之一。在本书中以监事会召开会议并且是否符合《公司法》所规定的召开会议次数，以及监事会在银行年报中发表独立意见并且是否指出银行不足等两项因素实证考察其运行状况。

①监事会会议次数

监事会会议次数是考核制度执行主体监事会在运转过程中履行工作职能状况的重要指标，必要的监事会会议有利于外部监事与内部监事之间对监督控制信息的交流，利于对监控过程中发现问题的及时进行解决。从 2007 年到 2009 年，中国股份制上市商业银行年度监事会会议次数均符合《公司法》每年至少两次的规定。如表 5 －5所示：

表 5 －5　　2007 ~ 2009 年监事会年度会议次数特征

统计量	2007 年	2008 年	2009 年
样本容量	14.00	14.00	14.00
均值	5.86	6.33	6.21
中位数	6.00	6.00	6.00
众数	6.00	6.00	6.00
标准差	1.96	1.30	1.58
最小值	3.00	4.00	4.00
最大值	9.00	8.00	9.00

从表 5 －5 分析可以看出，各家商业银行在 2009 年平均召开了 6.21 次会议，最高会议次数为 9 次，最低会议次数为 4 次。2007 ~ 2009 年，监事会年度会议次数为 6 次的银行最多。

图 5 －2 是近三年来中国商业银行监事会年度会议次数的频率分布图。

从图 5 －2 分析可以看出，与 2007 年和 2008 年相比，2009 年中国上市商业银行中监事会年度会议次数为 4 次和 7 次的银行所占比重增加，年度会议次数为 5 次和 8 次的银行所占比重减少。

②监事会独立发表意见情况

监事会运行状况的实践过程其实质就是监事会制度的权利行使

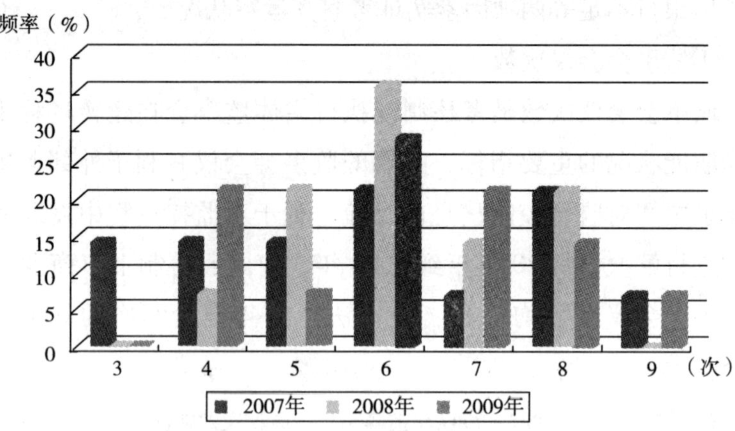

图5－2　2007～2009年中国股份制上市商业银行监事会年度会议次数频率分布

过程。因此对监事会而言，首先表现为监事会应该就本行重大问题对董事会及经营管理层的经营决策、业务运转、财务状况等决议、议案等发表意见和建议，能够及时发现并纠正银行业务经营、财务报告中的不实之处以及董事与经营管理人员的违法违规行为。2007～2009年，中国14家股份制上市商业银行的监事会均未否决过董事会的决议，未发现并纠正银行业务经营和财务报告的不实之处，均未发现并纠正董事或行长等经营管理人员的违法违规行为。

（3）监事会独立性分析

监事会的独立性是保障监事会制度有效性最重要的因素之一，其独立性主要体现在外部监事比例、监事会次级委员会的设置以及监事会主席是否兼任党政职务这三个方面。

①外部监事比例

外部监事是银行的外部人员，是其他利益相关者的代表，其在监事会成员中人数占比越大，监事会的独立性就越高。近三年来，中国股份制上市商业银行监事会外部监事比例如表5－6所示：

表 5-6　　2007~2009 年外部监事比例特征

统计量	2007 年	2008 年	2009 年
样本容量	14.00	14.00	14.00
均值	0.23	0.23	0.23
中位数	0.22	0.22	0.24
众数	0.22	0.22	0.22
标准差	0.09	0.09	0.08
最小值	0.00	0.00	0.00
最大值	0.40	0.40	0.33
变异系数	0.37	0.38	0.34

从表 5-6 分析可以看出，2007~2009 年，中国股份制上市商业银行外部监事比例均无明显变化，平均值均为 23%。但与 2007 年和 2008 年相比，2009 年外部监事比例的分布更集中于均值 23% 附近，外部监事比例为 22% 的银行最多，只有中国银行未设置外部监事。

图 5-3 是近三年来，中国股份制上市商业银行外部监事比例的频率分布图。

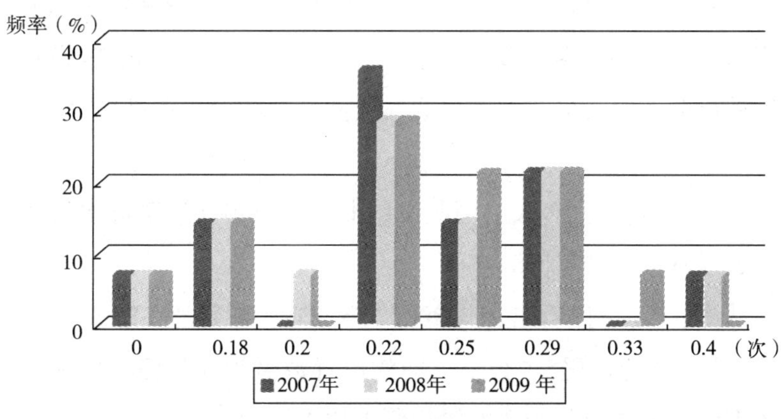

图 5-3　2007~2009 年中国股份制上市商业银行外部监事比例频率分布

从图 5－3 分析可以看出，与 2007 年和 2008 年相比，2009 年中国上市商业银行中外部监事比例为 0、18% 和 29% 的银行所占比重不变，外部监事比例为 25% 和 33% 的银行所占比重增加。

②监事会次级委员会设置情况

近三年来，中国股份制上市商业银行监事会次级委员会的设置数目如表 5－7 所示：

表 5－7　　2007～2009 年监事会次级委员会设置数目

统计量	2007 年	2008 年	2009 年
样本容量	14.00	14.00	14.00
均值	1.07	1.29	1.57
中位数	1.00	1.00	2.00
众数	2.00	1.00	2.00
标准差	0.92	0.91	0.76
最小值	0.00	0.00	0.00
最大值	2.00	3.00	3.00

从表 5－7 分析可以看出，平均而言，2007～2009 年中国股份制上市商业银行监事会次级委员会数目在逐年递增。2009 年设置 2 个次级委员会的银行最多，监事会次级委员会的设置数目最少为 0，最多为 3 个。

图 5－4 是近三年来中国股份制上市商业银行监事会次级委员会设置数目的频率分布图。

从图 5－4 可以看出，与 2007 年和 2008 年相比，2009 年中国上市商业银行中监事会次级委员会的设置数目为 0 的银行所占比重在逐年下降，设置数目为 2 的银行所占比重增加。

对于设置了监事会次级委员会的银行来说，其在 2007～2009 年年度会议次数如表 5－8 所示：

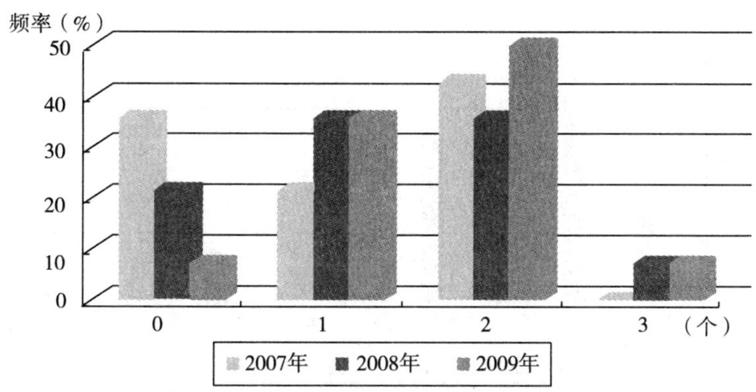

图 5－4　2007～2009 年中国股份制上市商业银行监事会次级委员会设置数目的频率分布

表 5－8　2007～2009 年监事会次级委员会年度会议次数

统计量	2007 年	2008 年	2009 年
样本容量	10.00	12.00	13.00
均值	6.50	6.17	5.15
中位数	6.00	5.50	4.00
众数	5.00	4.00	4.00
标准差	1.76	3.49	2.38
最小值	5.00	4.00	2.00
最大值	9.00	12.00	10.00

从表 5－8 可以看出，2009 年中国股份制上市商业银行监事会所属次级委员会的年度会议次数在 2 次和 10 次之间，平均而言，近三年来监事会次级委员会年度会议次数呈逐年下降趋势。2009 年平均年度会议次数为 5.15 次，均低于 2007 年和 2008 年的平均水平。2009 年监事会次级委员会年度会议次数为 4 次的银行最多。

图 5－5 是近三年来中国股份制上市商业银行监事会次级委员会年度会议次数的频率分布图。

从图 5－5 可以看出，与 2007 年和 2008 年相比，2009 年中国上

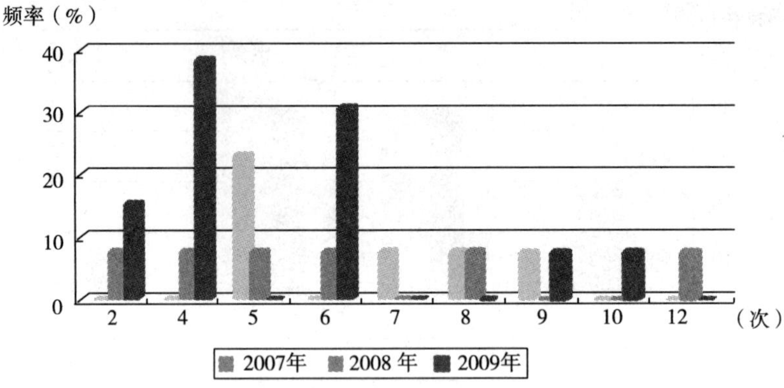

图 5－5　2007～2009 年中国股份制上市商业银行监事会次级委员会年度会议次数的频率分布

市商业银行中监事会次级委员会年度会议次数为 2 次、4 次、6 次、10 次的银行所占比重增加，年度会议次数为 5 次、8 次的银行所占比重减少。

③监事会主席两职分离状况

监事会主席两职分离状况是指监事会主席是否兼任银行党政职务。近三年来，除了深圳发展银行监事会主席为外部监事，没有兼任党政职务以外，其余 13 家股份制上市商业银行监事会主席均兼任了党政职务。

（4）监事胜任能力分析

监事的胜任能力决定了监事会的监督控制水平，对监事会制度有效性发挥的影响至关重要。监事的胜任能力越强，专业素质与工作水平越高，制度发挥的有效性就越强。考虑到监事会主席作为监事会工作开展的领导者，其工作胜任能力对监事会工作的开展，职能的履行产生着重要的影响。因此，对监事的胜任能力分析包括对监事会主席胜任能力和其他监事胜任能力两个方面。

根据中国商业银行公司治理结构优化的要求：监事应具有政府

监管、银行、财会、管理、法律等方面的专业知识或工作经验，具有与股东、职工和其他利益相关者进行广泛交流的能力，另外监事的年龄和学历等对其开展相应的工作也具有重要的影响。

①监事会主席的胜任能力

本书主要从监事会主席的年龄结构、学历结构和专业背景这三个方面来考察监事会主席的胜任能力。

监事会主席的年龄结构

商业银行监事会制度内部监督控制职能的定位，要求其组成人员—监事既要有充足的时间和精力，又要求他们具有丰富的实践经验。一般来讲，相对年轻的监事会主席有足够的精力承担职责，但可能实践经验不足，而年龄较高的监事会主席则正好相反。因此，本书研究认为：年龄在 40 ~ 60 岁是担任监事会主席的较优时期，该年龄段监事会主席如果所占比例较高，会对监事会制度有效性的发挥产生正向的积极作用。近三年来，中国 14 家股份制上市商业银行中，监事会主席处于最佳年龄段的银行所占比重如表 5 – 9 所示：

表 5 – 9　监事会主席处于 40 ~ 60 岁年龄段的银行所占比重

2007 年	2008 年	2009 年
0.71	0.71	0.64

从表 5 – 9 分析可以看出，2009 年中国 64% 的上市商业银行监事会主席处于最佳年龄段，比 2007 年和 2008 年略有下降，下降了约 7 个百分点。

监事会主席的学历结构

近三年来，中国 14 家股份制上市商业银行中监事会主席具有大学及以上学历的银行所占比重如表 5 – 10 所示：

表 5 – 10　监事会主席具有大学及以上学历的银行所占比重

2007 年	2008 年	2009 年
0.80	0.90	0.92

从表5－10分析可以看出，中国股份制上市商业银行监事会主席逐渐高学历化，监事会主席中具有大学及以上学历的银行所占比重逐年提高。2009年中国上市商业银行中，监事会主席具有大学及以上学历的银行占比92%，比2008年提高了2个百分点，比2007年提高了12个百分点。

监事会主席的专业背景

监事会制度有效性的充分发挥要求监事具有政府监管、银行、财会、管理、法律等方面的专业知识或工作经验，具有与股东、职工和其他利益相关者进行广泛交流的能力，因此本节主要从政府监管、银行、财会、管理和法律五个方面来考察监事会主席的专业背景。

通过分析监事会主席专业背景数据发现，中国14家股份制上市商业银行监事会主席均不具备法律背景。监事会主席至少同时具备政府监管、银行、财会和管理专业背景中任意三种背景的银行所占比重如表5－11所示：

表5－11　监事会主席同时具备三种专业背景的银行所占比重

2007年	2008年	2009年
0.43	0.57	0.50

从表5－11分析可以看出，2009年中国14家上市商业银行中，监事会主席同时具备三种专业背景的银行占比50%，比2008年降低7个百分点，但比2007年提高7个百分点。

②其他监事胜任能力

其他监事是指除监事会主席以外的监事会成员。与监事会主席胜任能力相类似，本节通过研究其他监事的年龄结构、学历结构和专业背景，来考察其他监事胜任工作的能力状况。

其他监事的年龄结构

本书研究认为：年龄在40～55岁是担任监事的最佳时期，该年龄段的监事如果所占比例较高会对监事会制度有效性的发挥产生积极影响。近三年来中国 14 家股份制上市商业银行中，处于最佳年龄段的其他监事比例如表 5－12 所示：

表 5－12 2007～2009 年处于最佳年龄段的其他监事比例

统计量	2007 年	2008 年	2009 年
样本量	14.00	14.00	14.00
均值	0.66	0.68	0.69
中位数	0.69	0.71	0.71
众数	0.50	0.71	0.71
标准差	0.19	0.22	0.21
最小值	0.38	0.25	0.25
最大值	1.00	1.00	1.00

从表 5－12 分析可以看出，2009 年中国 14 家上市商业银行中，处于最佳年龄段的其他监事占监事会其他监事总数的比例最小值为 25%，最大值为 100%。平均来看，近三年来中国股份制上市商业银行中，处于最佳年龄段的其他监事占其他监事总数的比例在逐年增加。2009 年监事会其他监事成员中，处于最佳年龄段的约占 69%，比 2008 年增加了 1 个百分点，比 2007 年增加了 3 个百分点。从众数来看，2009 年监事会其他监事成员中，处于最佳年龄段的比例为 71% 的银行最多，而 2007 年处于最佳年龄段的比例为 50% 的银行最多。

其他监事的学历结构

近三年来，中国 14 家股份制上市商业银行中具有大学及以上学历的其他监事比例如表 5－13 所示：

表 5－13 2007～2009 年具有大学及以上学历的其他监事比例

统计量	2007 年	2008 年	2009 年
样本量	14.00	14.00	14.00
均值	0.88	0.94	0.95

续表

统计量	2007 年	2008 年	2009 年
中位数	0. 90	1. 00	1. 00
众数	0. 75	1. 00	1. 00
标准差	0. 11	0. 09	0. 09
最小值	0. 75	0. 75	0. 75
最大值	1. 00	1. 00	1. 00

从表 5 – 13 分析可以看出，2009 年中国股份制上市商业银行中，具有大学及以上学历的其他监事占监事会其他监事总数的比例最小值为 75%，最大值为 100%。平均来看，近三年来中国股份制上市商业银行中，具有大学及以上学历的其他监事占其他监事总数的比例在逐年增加。2009 年监事会其他监事成员中，具有大学及以上学历的约占 95%，比 2008 年增加了 1 个百分点，比 2007 年增加了 7 个百分点。从众数来看，2009 年监事会其他监事成员中，具有大学及以上学历的比例为 100% 的银行最多，而 2007 年处于最佳年龄段的比例为 75% 的银行最多。

其他监事的专业背景

中国 14 家股份制上市商业银行中，至少同时具备政府监管、银行、财会、法律和管理中任意三种专业背景的其他监事占监事会其他监事成员比例如表 5 – 14 所示：

表 5 – 14　2007 ~ 2009 年至少同时具备三种专业背景的其他监事比例

统计量	2007 年	2008 年	2009 年
样本量	14. 00	14. 00	14. 00
均值	0. 25	0. 28	0. 30
中位数	0. 27	0. 31	0. 32
众数	0. 13	0. 14	0. 14
标准差	0. 13	0. 13	0. 14
最小值	0. 10	0. 12	0. 13
最大值	0. 47	0. 52	0. 57

从表 5 – 14 可以看出，2009 年中国股份制上市商业银行中，至

少同时具备三种专业背景的其他监事占监事会其他监事总数的比例最小值为 13%，最大值为 57%。平均来看，近三年来中国股份制上市商业银行中，至少同时具备三种专业背景的其他监事占其他监事总数的比例在逐年增加。2009 年监事会其他监事成员中，至少同时具备三种专业背景的约占 30%，比 2008 年增加了 2 个百分点，比 2007 年增加了 5 个百分点。从众数来看，2008 年和 2009 年监事会其他监事成员中，至少同时具备三种专业背景的比例为 14% 的银行最多，而 2007 年这一比例为 13% 的银行最多。

（5）监事激励与约束的分析

监事会制度有效性的发挥与对监事的激励和约束密切相关，Laffont 的实证研究表明，避免管理层合谋的方法之一就是提高对监督者的激励和约束；国内学者刘银国等的实证博弈模型也证明了提高对监事的激励和约束可以降低董事、经理们的违规概率和提高监督效益。

本书将从以下几个方面研究中国上市商业银行对监事会的激励和约束状况：

①监事的激励

本节通过研究监事会主席、外部监事和内部监事年平均税前薪酬总额来考察监事会成员的薪酬激励状况。

监事会主席薪酬水平

近三年来，中国 14 家股份制上市商业银行监事会主席年税前薪酬总额（税前）如表 5 - 15 所示：

表 5 - 15　　2007 ~ 2009 年监事会主席年薪酬总额

单位：万元

统计量	2007 年	2008 年	2009 年
样本量	14.00	14.00	14.00
均值	235.35	274.05	262.33

续表

统计量	2007年	2008年	2009年
中位数	151.10	163.44	136.00
众数	0.00	0.00	0.00
标准差	415.27	396.62	390.37
最小值	0.00	0.00	0.00
最大值	1590.00	1431.00	1458.00

从表5－15分析可以看出，2009年中国股份制上市商业银行监事会主席年平均薪酬总额为262.33万元，比2008年减少了11.72万元，比2007年增加了26.98万元。与前两年相比，2009年的中位数有所下降，一半银行的监事会主席年薪酬总额在136万元以上，而2008年一半银行的监事会主席年薪酬总额在163.44万元以上。有些银行的监事会主席未在本行领取薪酬，2009年，监事会主席的薪酬总额最大值为1458万元。

外部监事薪酬水平

近三年来，中国14家上市商业银行的外部监事年均薪酬总额（税前）如表5－16所示：

表5－16　　2007～2009年外部监事年均薪酬总额

单位：万元

统计量	2007年	2008年	2009年
样本量	14.00	14.00	14.00
均值	19.42	25.15	24.68
中位数	8.57	16.88	18.00
众数	0.00	0.00	0.00
标准差	27.19	26.72	23.69
最小值	0.00	0.00	0.00
最大值	95.00	81.88	80.00

从表5－16分析可以看出，2009年中国14家上市商业银行的外

部监事年平均薪酬总额为 24. 68 万元，比 2008 年减少了 0. 47 万元，比 2007 年增加了 5. 26 万元。与前两年相比，2009 年的中位数明显增加，一半银行的外部监事年均薪酬总额在 18 万元以上，而 2008 年一半银行的外部监事年均薪酬总额在 16. 88 万元以上。有些银行的外部监事未在本行领取薪酬，2009 年，外部监事年均薪酬总额最大值为 80 万元。

内部监事薪酬水平

近三年来，中国 14 家股份制上市商业银行内部监事年均薪酬（税前）总额如表 5－17 所示：

表 5－17　　2007～2009 年内部监事年均薪酬总额

单位：万元

统计量	2007 年	2008 年	2009 年
样本量	14. 00	14. 00	14. 00
均值	164. 42	178. 29	167. 75
中位数	87. 02	114. 20	117. 00
众数	43. 08	41. 56	24. 68
标准差	215. 13	191. 58	218. 07
最小值	43. 08	41. 56	24. 68
最大值	758. 50	722. 75	864. 50

从表 5－17 分析可以看出，2009 年中国股份制上市商业银行内部监事年均薪酬总额为 167. 75 万元，比 2008 年减少了 10. 54 万元，比 2007 年增加了 3. 33 万元。与前两年相比，2009 年的中位数明显增加，一半银行的内部监事年均薪酬总额在 117 万元以上，而 2007 年一半银行的内部监事年均薪酬总额在 87. 02 万元以上。2009 年，内部监事年均薪酬总额的最小值为 24. 68 万元，比 2008 年减少了 16. 88 万元；内部监事年均薪酬总额的最大值为 864. 50 万元，比 2008 年增加了 141. 75 万元。

②监事的约束

在中国商业银行现行公司治理结构相关制度安排上，主要是通过召开股东会议，由控股股东来聘任或解除监事的职务、听取监事会报告、向监事会成员提出问题等方式对监事会的运作和监事的行为进行监督和约束，从而影响监事会制度的有效性。因此，本书主要从股东大会年召开次数考察对监事会成员的约束状况。

近三年来，中国14家股份制上市商业银行股东大会年召开次数如表5－18所示：

表5－18　　2007～2009年股东大会年召开次数

统计量	2007年	2008年	2009年
样本量	14.00	14.00	14.00
均值	2.57	1.67	2.00
中位数	2.00	2.00	2.00
众数	2.00	2.00	1.00
标准差	1.16	0.65	1.04
最小值	1.00	1.00	1.00
最大值	5.00	3.00	4.00

从表5－18分析可以看出，2007～2009年中国股份制上市商业银行每年至少召开1次股东大会。2009年股东大会的最大召开次数为4次，比2008年增加了1次，比2007年减少了1次。平均来看，2009年每家银行召开2次股东大会，比2008年增加了0.33次，比2007年减少了0.57次。

5.2.2　监事会制度有效性的综合评价指数分析

为了研究考察中国股份制上市商业银行监事会制度有效性的综合水平，本书在上述描述性统计分析的基础上，构建了制度有效性的综合评价指数，进一步对各家商业银行监事会制度有效性进行综合对比和分析研究。

（1）综合评价指标体系及权重的确定

中国商业银行监事会制度有效性综合评价指数的指标体系和相应权重如图 5－6 所示。

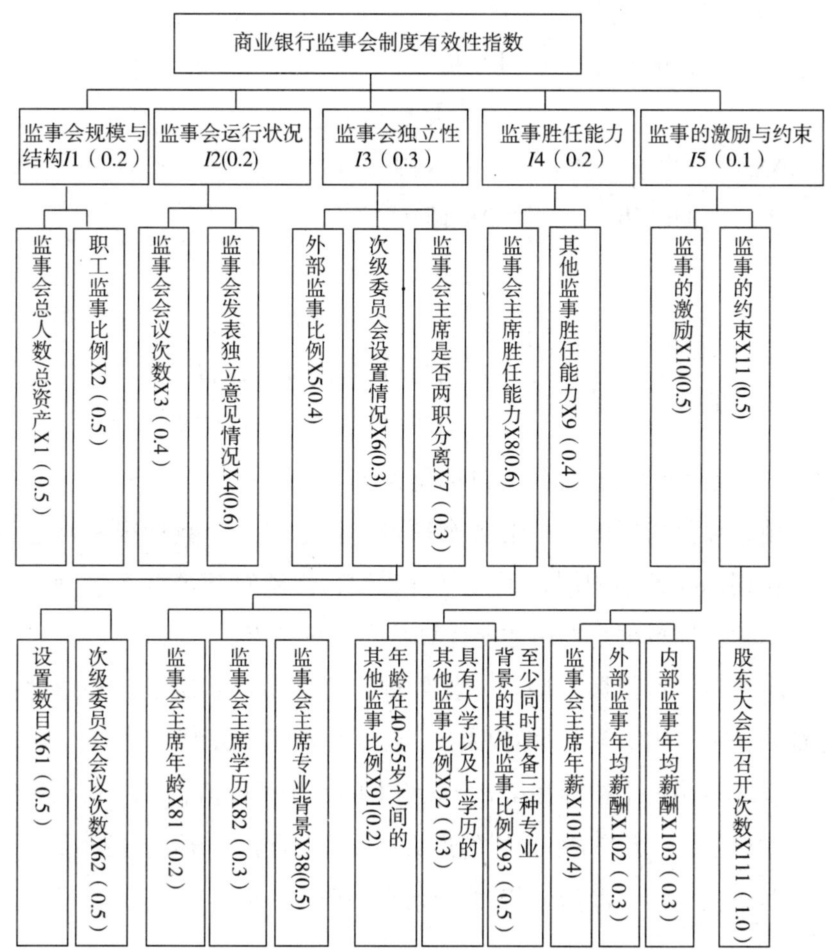

图 5－6　构建中国商业银行监事会制度有效性指数的指标体系和相应的权重

图 5－6 各指标的权重确定方法为主观赋权法，即通过征询在本领域中既有实际工作经验又有较深理论修养的专家 10 人，采用德尔

菲法最终确定权重。

定性指标的赋值方法：

X4：监事会发表独立意见情况 = { 0 未发表独立意见；1 发表独立意见

X7：监事会主席是否两职分离 = { 0 否；1 是

X82：监事会主席的学历 = { 0 大专；1 本科；2 硕士；3 博士

X83：监事会主席的专业背景 = { 1 只具有一种专业背景；2 同时具备两种专业背景；3 同时具备三种专业背景

（2）综合评价指标的无量纲化方法

由于评价指标体系中的各个评价指标的量纲、数量级和对总目标的作用趋向各不相同，不具有可比性，必须对其进行无量纲化处理，消除指标量纲影响后才能计算综合评价结果。

本节对评价指标采用归一化处理，把正指标、逆指标和适度指标都归一到（0，1）区间范围内。具体的处理方法为：

设 X_{ij} 为第 j 个指标在第 i 个观测上的原始指标值，Y_{ij} 为 X_{ij} 无量纲化后的取值，a_j 为第 j 个指标的最大值，b_j 为第 j 个指标的最小值。

对于正指标，即指标值越大越好的指标，令

$$Y_{ij} = \frac{X_{ij} - b_j}{a_j - b_j}$$

对于逆指标，即指标值越小越好的指标，令

$$Y_{ij} = \frac{a_j - X_{ij}}{a_j - b_j}$$

对于适度型指标，即指标值在某个区间范围内为最佳的指标，令

$$Y_{ij} = \begin{cases} 1 - \dfrac{q_1 - X_{ij}}{\max(q_1 - b_{j,} a_j - q_2)} & X_{ij} < q_1 \\ 1 - \dfrac{X_{ij} - q_2}{\max(q_1 - b_{j,} a_j - q_2)} & X_{ij} > q_2 \\ 1 & q_1 \leqslant X_{ij} \leqslant q_2 \end{cases}$$

其中 $[q_{1,} q_2]$ 为该指标的最佳稳定区间。

通过上述计算，即可得到无量纲化的数据矩阵：

$$Y_{ij} = (y_{ij})_{14\times19}、y_{ij} \in [0,1]$$

(3) 建立综合评价模型，计算综合评价结果

对无量纲化的数据矩阵，采用事先确定好的权重进行逐级加权平均，便可得到监事会制度有效性指数 I 和监事会规模与结构指数 I_1、监事会运行状况指数 I_2、监事会独立性指数 I_3、监事胜任能力指数 I_4、监事激励与约束指数 I_5。如表 5－19 所示：

表 5－19　　2009 年中国股份制上市商业银行监事会制度有效性指数及五个方面指数

银行名称	监事会规模与结构指数 I1	监事会运行状况指数 I2	监事会独立性指数 I3	监事胜任能力指数 I4	监事的激励与约束指数 I5	监事会制度有效性指数 I
工商银行	0. 3388	0. 2667	0. 3766	0. 7980	0. 4188	0. 4356
中国银行	0. 2061	0. 2667	0. 0000	0. 8450	0. 6000	0. 3236
建设银行	0. 2589	0. 2667	0. 4500	0. 6667	0. 3107	0. 4045
交通银行	0. 3082	0. 1778	0. 3855	0. 6098	0. 1546	0. 3502
华夏银行	0. 4117	0. 1778	0. 2555	0. 7767	0. 1822	0. 3681
浦发银行	0. 3926	0. 1778	0. 2711	0. 8300	0. 2267	0. 3841
深发展	0. 2701	0. 3111	0. 6386	0. 5867	0. 5601	0. 4812
兴业银行	0. 4055	0. 3111	0. 2744	0. 8700	0. 3519	0. 4348
招商银行	0. 3798	0. 3111	0. 2578	0. 4905	0. 4680	0. 3604
中信银行	0. 0481	0. 3556	0. 2933	0. 5517	0. 1977	0. 2989
民生银行	0. 3099	0. 4000	0. 4239	0. 7755	0. 7361	0. 4979

续表

银行名称	监事会规模与结构指数 I1	监事会运行状况指数 I2	监事会独立性指数 I3	监事胜任能力指数 I4	监事的激励与约束指数 I5	监事会制度有效性指数 I
北京银行	0.5136	0.2667	0.3511	0.7533	0.2057	0.4326
南京银行	0.6429	0.3556	0.3963	0.5863	0.1661	0.4525
宁波银行	0.6007	0.2222	0.4019	0.5988	0.4248	0.4474

注：根据各行年报测算。

（4）综合评价分析

从表 5－19 可以看出，从综合性监事会制度有效性指数分析，民生银行、深圳发展银行、南京银行、宁波银行和工商银行，这五家商业银行监事会制度有效性综合整体情况较好，其中在监事会规模与结构指数方面，南京银行、宁波银行、北京银行、华夏银行和兴业银行监事会规模与结构情况较好；在监事会运行状况指数方面，民生银行、中信银行、南京银行、深圳发展银行和兴业银行这 5 家商业银行监事会运行状况较好；在监事会独立性指数上，深圳发展银行、建设银行、民生银行、宁波发展和南京银行的监事会独立性较好；兴业银行、中国银行、浦发银行、工商银行和华夏银行这 5 家商业银行监事胜任能力指数较高，而招商银行和中信银行监事胜任能力指数相对较低；在监事激励与约束指数上，民生银行、中国银行、深发展、招商银行和宁波银行这 5 家商业银行对监事的激励和约束情况较好。

对表 5－19 的指数进行描述性统计分析，如表 5－20 所示：

表 5－20　中国股份制上市商业银行监事会制度有效性指数统计分析

统计指标	I1	I2	I3	I4	I5	I
均值	0.3634	0.2762	0.3411	0.6956	0.3574	0.4051
中位数	0.3593	0.2667	0.3639	0.7100	0.3313	0.4186
标准差	0.1550	0.0701	0.1413	0.1246	0.1840	0.0593
最小值	0.0481	0.1778	0.0000	0.4905	0.1546	0.2989
最大值	0.6429	0.4000	0.6386	0.8700	0.7361	0.4979
变异系数	0.4267	0.2539	0.4142	0.1791	0.5149	0.1464

从平均整体水平来看，2009 年度，中国商业银行监事会制度有效性综合指数为 0.4051，其中监事胜任能力指数最高，远大于监事会制度有效性指数和其他四个方面指数，说明中国商业银行监事胜任能力普遍较高；监事会运行状况指数最低，说明中国商业银行的监事会运行状况普遍较差。

从离散程度来看，监事会制度有效性指数的变异系数最小，说明与其他五个指数相比，中国商业银行在监事会制度有效性综合指数上差异最小。监事的激励与约束指数的变异系数最大，说明中国股份制上市商业银行在对监事激励与约束方面的差异最大，这也是导致各家商业银行监事会制度有效性差异产生最主要的因素。

5.2.3　监事会制度有效性的回归检验与结论分析

根据上文对监事会制度有效性的描述性统计分析与综合评价指数分析，本节通过建立回归模型考察监事会制度有效性与中国商业银行公司治理、经营绩效、资产质量与资本状况之间的回归关系。

为了充分体现中国商业银行的公司治理、经营绩效、资产质量与资本状况，考虑到数据的可得性、可比性与代表性，本书共选取了 8 个指标作为被解释变量，其中：银行公司治理目标衡量指标变量：每股收益（*Y*1）；资产质量指标变量选取 1 个：不良贷款率（*Y*2），衡量银行资产质量状况；经营绩效指标变量共选取 5 个：平均资产回报率（*ROA*/*Y*3）、平均股东回报率（*ROE*/*Y*4）、净利息收益率（*Y*5）、非利息净收益率（*Y*6）、净经营收益率（*Y*7）；资本状况衡量指标变量选取 1 个：资本充足率（*Y*8），反映和衡量银行化解风险的能力。

由于指标 *Y*3、*Y*4、*Y*5、*Y*6 和 *Y*7 之间具有较强的相关性，为了避免信息重叠，下面采用因子分析的方法，对这五个指标进行综合。

具体步骤如下：

首先对这5个变量进行标准化处理，以消除量纲和数量级的影响；然后对标准化后的变量进行KMO和巴特莱特检验。如表5－21所示：

表5－21　　KMO and Bartlett's Test

Kaiser－Meyer－Olkin Measure of Sampling Adequacy.		.704
Bartlett's Test of Sphericity	Approx. Chi－Square	109.550
	df	10
	Sig.	.000

从表5－21可以看出，KMO值为0.704，大于0.60；巴特莱特检验的p值为0，小于显著性水平0.05。KMO和巴特莱特检验都说明，这5个变量适合进行因子分析。

因子分析结果如表5－22所示：

表5－22　　五个财务指标的因子分析结果

因子	原始特征根			财务指标	旋转后的因子载荷矩阵			
	特征根	方差贡献率	累计方差贡献率		1	2	3	4
1	1.3631	85.7772	85.7772	Y3＊	0.9100	0.2492	0.0802	0.2507
2	0.5032	7.7461	93.5233	Y4＊	0.8664	0.5403	0.0714	0.1562
3	0.1907	4.9377	98.4610	Y5＊	0.4729	0.8261	0.1270	0.1748
4	0.0582	1.3546	99.8156	Y6＊	0.2376	0.4216	0.1857	0.0369
5	0.0125	0.1844	100.0000	Y7＊	0.2044	0.3341	0.0613	0.4649

注：因子提取方法为主成分分析法；Y4＊表示Y4的标准化变量。

从表5－22可以看出，共有1个因子的特征根大于1，其累计方差贡献率达到85.78%，说明提取1个公因子便可以解释原始变量85.78%的信息，可以用第一公因子综合反映银行经营绩效。

通过因子分析，所提取出的第一公因子的因子得分，即被解释变量的取值，如表5－23所示：

表 5-23　　　　　　　　　　因子得分

银行名称	*F*1
工商银行	0.7355
中国银行	0.2217
建设银行	0.1886
交通银行	-0.0940
华夏银行	-2.4606
浦发银行	1.2754
深发展	-0.7021
兴业银行	0.2504
招商银行	-0.3318
中信银行	-1.1232
民生银行	0.4374
北京银行	-0.1747
南京银行	1.6167
宁波银行	0.8619

注：根据各行年报测算。

（1）监事会制度有效性的回归实证检验

①中国商业银行监事会制度有效性指数与银行公司治理、经营绩效、资产质量与资本状况的关系数矩阵如表 5-24 所示：

表 5-24　　　　　　　　皮尔逊简单相关系数矩阵

		*Y*1	*Y*2	*F*1	*Y*8
*I*1	相关系数	0.0101	-0.0761	-0.4345	0.0725
	p 值	0.5068	0.8043	0.1912	0.8054
*I*2	相关系数	-0.1039	-0.4657	0.2440	0.0808
	p 值	0.8865	0.0913	0.4006	0.7836
*I*3	相关系数	-0.1226	-0.5151	0.0857	-0.0418
	p 值	0.7359	0.0704	0.7708	0.8873
*I*4	相关系数	0.4565	-0.4143	0.0370	0.3231
	p 值	0.2503	0.1354	0.9000	0.2599
*I*5	相关系数	0.1324	-0.2115	0.7795	0.3319
	p 值	0.6251	0.3258	0.0010	0.2464
I	相关系数	0.6313	-0.6693	0.6899	0.2206
	p 值	0.0813	0.0918	0.0746	0.3544

注：阴影部分表格表示相应的两个变量的相关系数在 0.10 的显著性水平下显著不为 0。

从表5-24可以看出，在0.10的显著性水平下，每股收益 *Y*1 与监事会制度有效性指数 *I*，经营绩效因子 *F*1 与监事的激励与约束指数 *I*5、监事会制度有效性指数 *I* 均存在正的线性相关关系，不良贷款率 *Y*2 与监事会运行状况指数 *I*2、监事会独立性指数 *I*3、监事会制度有效性指数 *I* 存在显著的负相关关系。但是皮尔逊简单相关系数的一个应用前提是两个变量必须服从联合正态分布，为了得出更可靠的检验结果，下面采用与分布无关的 Spearman 秩相关系数对中国股份制上市商业银行监事会制度有效性指数与银行绩效之间的相关关系进行非参数检验。

表5-25　　Spearman 秩相关系数矩阵

		*Y*1	*Y*2	*F*1	*Y*8
*I*1	相关系数	0.0584	-0.2486	0.6021	0.2728
	p 值	0.8427	0.3914	0.0223	0.3453
*I*2	相关系数	-0.0066	-0.4161	0.4066	-0.0382
	p 值	0.9821	0.0815	0.1491	0.8968
*I*3	相关系数	0.0374	-0.5323	0.2000	0.1650
	p 值	0.8990	0.0318	0.4930	0.5729
*I*4	相关系数	-0.0330	-0.6202	0.2923	0.1540
	p 值	0.9108	0.0712	0.3105	0.5991
*I*5	相关系数	0.3564	-0.3454	0.8319	-0.2134
	p 值	0.2110	0.2264	0.0024	0.4638
I	相关系数	0.6113	-0.3154	0.5139	0.1650
	p 值	0.0721	0.0847	0.0719	0.5729

注：阴影部分表格表示相应的两个变量的相关系数在0.10的显著性水平下显著不为0。

从 Spearman 秩相关系数的检验结果来看，在0.10的显著性水平下，每股收益 *Y*1 与监事会制度有效性指数 *I*，经营绩效因子 *F*3 与监事的激励与约束指数 *I*5、监事会制度有效性指数 *I* 均具有正的相关关系，不良贷款率 *Y*2 与监事会运行状况指数 *I*2、监事会独立性指数 *I*3、监事胜任能力指数 *I*4、监事会制度有效性指数 *I* 存在显著的负相关关系。

②回归分析

本研究建立分别以每股收益（元）Y1、不良贷款率Y2、经营绩效因子F1、资本充足率Y4为因变量，以监事会规模与结构指数I1、监事会运行状况指数I2、监事会独立性指数I3、监事胜任能力指数I4、监事的激励与约束指数I5和监事会治理指数I为自变量，另外，考虑到中国银行业经营规模对其绩效、资产质量与每股收益的根本性影响关系，以资产规模的对数Ln（Asset）（单位：百亿元）为控制变量的回归方程，研究中国商业银行监事会制度有效性和银行治理等之间的关系。剔除不显著的回归方程后，回归分析结果如表5-26所示：

表5-26　监事会制度有效性指数与银行治理、资产质量、绩效与资本状况的回归分析结果

解释变量		方程（1）	方程（2）	方程（3）	方程（4）	方程（5）
		Y1	Y2	Y2	F1	F1
constant	Beta	-0.0495	-0.5142	-0.5235	-0.0487	-0.9135
	t值	(-4.5731)	(-0.2241)	-2.4357	(-4.5373)	(-7.1651)
I2	Beta			-0.663		
	t值			(-1.9312)		
I5	Beta					0.0223***
	t值					-6.1232
I	Beta	0.0158**	-0.2393		0.0404**	
	t值	-3.8926	-3.9945		-3.4136	
Ln（Asset）	Beta	0.3915	0.4106**	0.3254**	0.5583***	0.3812***
	t值	-0.2513	-3.1146	-2.4358	-4.2723	-3.7617
修正R2		0.7815	0.7636	0.7491	0.7865	0.7914
F值		25.3625	23.6184	21.6343	25.4713	26.4232

注：Beta为标准化系数；*、**、***分别表示显著性水平为0.10、0.05和0.01。

（2）检验结论与分析

以上五个回归方程的修正 $R2$ 均在 70% 以上，并且均在 0.05 的显著性水平下通过了 F 检验，说明方程拟合显著有效。从解释变量的 t 值也可以看出，表中所列解释变量均在 0.10 的显著性水平下对因变量有显著影响。以上五个回归方程均通过了 white 异方差检验和自相关检验，说明回归方程不存在异方差和自相关问题。

从回归方程（1）上分析，监事会制度有效性指数 I 对每股收益 $Y1$ 的影响显著，从回归系数符号来看，两者之间有着显著的正向相关性。因此，提高中国商业银行监事会制度的整体有效性，优化公司治理结构，有助于我国银行公司治理目标的实现。

从回归方程（2）和回归方程（3）上分析，监事会制度有效性指数 I、监事会运行状况指数 $I2$ 和银行总资产是影响不良贷款率 $Y2$ 的显著因素，从回归系数符号可以看出，在银行资产规模保持不变的情况下，提高监事会制度的有效性，将会显著降低不良贷款率，提高银行资产质量；同样，在银行资产规模保持不变的情况下，监事会运行状况的改善也会显著提高银行资产质量。

从回归方程（4）和回归方程（5）分析，对银行经营绩效因子 $F1$ 有显著影响的因素是监事会制度有效性指数 I、监事的激励和约束指数 $I5$ 和控制变量银行总资产规模。从回归系数符号可以看出，在银行总资产规模保持不变的情况下，提高监事会制度的有效性，将会显著提高银行经营绩效；在银行总资产保持不变的情况下，加强对监事的激励和约束也会显著提高银行经营绩效。

第 6 章　股权结构、监事会制度有效性与公司治理监控需求主体优化

股权结构是决定公司治理结构与治理绩效最重要的、基础性的因素，因为从产权制度安排上讲，公司治理结构就是在股权结构基础上的一种组织框架表现形式，股权结构决定了公司治理的目标、治理主体与制度安排，基本上决定了公司治理决策控制权、监督控制权的配置组合模式和格局，也决定了不同所有者之间、所有者与所有者代表之间、所有者代表与经营管理者之间的委托—代理关系的实质。因此，研究中国商业银行监事会制度的有效性，离不开股权结构这一核心、基础性的要素，它是研究公司治理结构优化与内部监控制度安排问题的出发点。

6.1　商业银行股权结构与内部监控制度安排

6.1.1　股权结构特征与公司治理

与一般企业相同，商业银行的股权结构主要指股东的构成情况，包括股权集中或分散的程度，也包含股东的类型以及各类型股东分别持有股份的比例。

在股权集中度方面，全世界范围内，商业银行与非银行类股份

公司呈现出同样的发展趋势，即在对投资者法律保护程度较高的国家，商业银行股权相对分散，而法律保护程度差的国家，商业银行股权结构更多地表现为集中持有。具体而言，分散持有、家族控制和国家控制这三种股权结构股东控制方式是商业银行主要的股东类型。

根据有关研究世界范围内商业银行股权结构特征的文献资料：La Porta（2002）运用了92个国家的数据，对世界范围内商业银行股权集中度加以研究，研究表明：第一，在全球商业银行业发展中，在私有化浪潮下，国有股股权现象仍然比较普遍，并且占比较高。截至1995年，在全世界银行业中，国有股股权占比达到41.57%，在全世界92个国家中，只有美国、加拿大、英国、日本等8个国家和地区没有国有银行；第二，在全球商业银行中，虽然国有股股权占比较高，但却呈现出逐步下降的趋势。从1970～1995年，七国集团商业银行的国有股股权占比平均从31.4%下降到12.8%，其他发达国家银行国有股股权占比平均从39.55%下降到26.85%，发展中国家国有股股权占比也平均从65.36%下降到45%，全球整体平均下降了17.32%；第三，从商业银行国有股股权占比与经济发展水平来看，国家经济发展水平越高，所在国商业银行国有股股权占比越低，如七国集团的商业银行中，仅德国与意大利的国家商业银行存在国有股股权，而其他5个国家国有股占比均为零。相反在发展中国家中，商业银行国有股股权占比最高，1995年平均达到了48.64%，比西方七国集团银行高了4倍，比发达资本主义国家平均23.21%，则高了1倍多；第四，从商业银行国有股股权占比与国有企业的关系来看，国有企业越多的国家，所在国商业银行中国有股股权占比越高；第五，从国有股股权结构与经济发展质量看，政府对商业银行拥有的股权越多，银行资本收益率和经济增长率就越低。

与一般企业相比，商业银行的股权结构略显分散，但在全世界范围内商业银行拥有控股股东仍然是比较普遍存在的现象，其中法律完善程度以及对所有人保护程度对股权结构的控制方式有着重要影响，在发达国家商业银行股权结构更多地表现为分散持有，但在不同的国家，股权结构又存在明显的差异，现以英美、德国和日本等国商业银行股权结构为例进行分析。

英美等国商业银行股权结构呈现出如下特点：一是股权结构集中度很低。截至 2009 年，美国五大银行最大股东持股比例也只在 4.9% ~6.46%；截至 2005 年，英国渣打银行（Standard Chartered Bank）没有股份超过 10% 以上的股东。二是持股主体极其分散，如花旗银行（Citibank）33.67 亿股股份被 9.75 万个股东所持有；美联银行（First Union Bank）9.8 亿股股份被 14.7 万个股东所持有。三是英美等国商业银行股东类型主要以个人投资者和机构投资者为主，除此之外，银行内部员工持股也是比较常见的现象，这样可以使员工分享银行的经营成果，提高员工的工作积极性，同时也可以限制员工的罢工活动，缓解劳资矛盾。上述英美等国商业银行股权结构所具有的高分散性特点，导致个人股东不可能对所投资的银行形成控制权，也不可能对银行的行为形成有效的控制与约束；而机构投资者因为强调资产流动性与效益性分散化配置的原则，更加注重银行股票的买卖差价，忽视银行的管理与长期绩效，这种状况决定了英美等国银行股东主要通过在股票市场买卖股票的方式来选择商业银行代理人，因此，其商业银行股权结构在高度分散化的同时具有高度的流动性。

相对于英美等国商业银行，德国的商业银行一是股权结构集中程度很高，截至 2009 年，德国 10 家大银行中的 7 家均由股东百分之百持股，而其余 3 家最大股东持股比例也分别达到 97.5%、75% 和 74.9%。二是在德国的商业银行股东类型中个人持股占少数，保险公司、共同基金和其他机构投资者在银行总股份中占有绝对优势。

由于机构投资者享有派出代表对银行经营管理进行决策和监控的权利，这种股东类型结构有利于德国商业银行股权结构的稳定。三是在德国的商业银行股权结构中，银行内部员工持股也占有相当的份额，因此，这些员工会积极参与银行的管理，有利于银行内部激励约束机制的建立。另外在德国的商业银行股权结构中，银行之间、银行与企业之间法人交叉持股的现象十分普遍，这种特殊的股权结构现象，加上德国的商业银行拥有大量的客户委托投票权，这样，银行具有很强的监控本行和其他银行内部经营管理层的动力性。据统计，德国的商业银行可以行使表决权的股票占到德国上市公司和银行股票的一半左右，在德国最大的33家公司中，银行的投票权就占到了82%。[①]

日本的商业银行股权结构也具有高度的集中性，但不同于德国银行业，日本的商业银行的股东类型主要分为四类，即金融机构、企业法人、个人和外国企业，它们的加权平均股份分别占到日本银行业总股份比例的37.2%、51.3%、5.8%和5.7%，其中金融机构与企业法人股权合计占到银行总股份的88.5%，因此，日本的商业银行股权结构最大的特色在于银行股权集中于金融机构和企业法人手中。这种股权结构，导致日本商业银行与企业法人之间业务联系非常紧密，大型企业法人十分重视对商业银行的控制，都力图通过对银行的控制达到控制其他大量中小型企业的目的，为自身业务拓展与规模扩张服务。但是这种以法人控股为主要特色的银行股权结构也存在很大的问题，就是在由法人持股控制下的商业银行往往以为法人利益服务为目标，而忽视了银行自身的经营管理目标，将法人的利益放到了银行利益目标之上，极大地危害到了中小股东的利益。

① 赵勇：《商业银行法人治理研究》，北京，中国金融出版社，2010。

在法律保护程度较差的国家，尤其是在发展中国家和转型国家，政府和家族对于商业银行股权的控制是比较普遍的现象，表现为家族控制和政府直接拥有银行。

Bonin（2004）验证了罗马尼亚、波兰、匈牙利、保加利亚、捷克、克罗地亚 6 个经济转轨国家商业银行的股权结构（国有、私有和外资所有）对银行绩效产生的影响。样本包括这 6 个国家 1999 ~ 2000 年的 222 个观察值，其中大约 75% 的银行为私有，不到 15% 的银行仍为国家所有。另外，在私有银行中，约 40% 的银行完全由国外的战略投资者独资。研究表明，股权完全私有化的银行资产回报率与权益回报率高于国有银行，其中外资银行的盈利能力最高，其消费贷款的增长幅度也最大。

Caprio、Laeven 和 Levine（2003）通过构建 44 个国家或地区 200 多家银行所有权数据库，对世界范围内银行所有权结构进行了研究，结果发现：除法律制度比较完善，对投资者权益保护程度较高的国家外，大多数国家的银行并不是被广泛持有的，而是更多地被政府或家族所控制。

6.1.2　股权结构与内部监控制度安排

不同股权结构所体现出来的股权集中度与股东类型，对商业银行公司治理都产生着不同的影响，制约影响着公司治理结构的制度安排，也带来了不同特点的内部监控制度安排问题。

以股权集中度为标准，可以将商业银行的股权结构划分为高度集中型、过度分散型以及适度集中型三种基本类型。高度集中型的商业银行股权结构，主要呈现出第一大股东持股比例很高，且处于绝对控股的状态，而其他股东持股比例相对极小，按照控股股东的类型又可将这种类型的股权结构分为家族控制和国家控制。在高度集中型股权结构下，控股股东的行为往往具有两面极端性：一方面，极高的持股比例使得控股股东行使公司治理权限的积极性很高，一般董事长或行长是由控股股东直接任命或委派的，因此，商业银行的经营目标与控股股东高度一致，利益也高度重合；但另一方面，小股东或广大存款人因为所占份额过小或者没有份额，常常被忽视而无法对控股股东的权力行使进行制衡。这样拥有超强权力的控股股东失去了来自于其他中小股东和利益相关者的约束和制衡，形成了所谓的“一股独大”的格局。这种股权结构状况，在许多国家，会导致商业银行的控制投资者能够利用信息优势掠夺外部投资者和存款人利益的情况。Laeven（2001）通过研究发现，俄罗斯银行的管理者将贷款大量注入自己的公司，违约率达 71%；La Porta、Lopez - de - Silanes、Zamarripa（2003）研究发现，在墨西哥关联借款比例非常高，关系人贷款期限长，不需要担保，偿还比例低于 33%，较正常贷款偿还比例低 78%。Alkerlof 和 Rommer（2001）分析认为，股东间的关联交易、不正当攫取利益和银行清偿能力的缺乏与高额分配利润是美国储蓄信贷协会危机发生的根本原因。当银行被国家控制时，政府作为银行的股权控制主体时，这种股权结构常常表现为控股股东与银行监管者双重身份的重合，使政府集所有者与监管人于一体，当股东利益与监管者发生冲突时，政府往往无法对银行进行监管，而只是将银行倒闭或发生的损失转嫁到纳税人身上。

在高度集中型的股权结构下，商业银行公司治理面对的主要矛盾是大小股东之间的代理问题以及中小投资者与其他利益相关者之间的利益分配问题，公司治理需要解决的是资本供给者为了资本不受侵蚀和获取投资回报而控制管理者的矛盾，需要解决大股东或控股股东利用手中的投票控制权获取私利，侵占其他利益相关者的矛盾。因此，在集中型股权结构的商业银行内部监控制度安排上，往往采取的是监事会制度的安排，这种制度设计将监督控制银行经营者、防止大股东滥用权力的双重监督制衡和约束控制权力赋予了监事会，这样在对银行经营管理者进行监控的同时，也减少了大股东直接影响干涉银行经营的程度与可能性，有利于实现公司所有权与经营权的真正分离。

与高度集中型不同，过度分散型的商业银行股权结构，其特点呈现出股东持股数量相近，并且极度分散的状态，股东类型以个人为主。在这种特点的股权结构下可以避免高度集中型股权结构中股东行为的两极分化，也可以避免个别大股东与代理人之间的合谋，有利于在股东之间形成一种权力制衡与约束机制，但股权的过度分散也会产生负面作用，易导致单个股东因作用有限，使众多股东行使权利的积极性普遍受到抑制，其行为呈现两个明显特征：一是行权淡漠的问题。在股权过度分散的情况下，小股东对银行重大决策做出有效的监督控制，需要付出相当的成本去获取必要的信息，并且要对这些信息进行专业的分析和研究，这对小股东而言，做出理智判断所要付出的成本远远大于因投票而获得的收益，因此，一个理智的股东会对行使投票权持淡漠和不积极的态度。二是“搭便车”问题，在存在众多分散中小股东的情况下，每个股东都希望其他股东行使监督控制权，自己从中获利，而不愿意自己投入成本积极参与监督控制，因为监督的成本由自己支付，而收益却由所有股东共享，在不具备有效激励措施的情况下，这种情况所产生的结果必然是无人愿意行使监督权，从而导致股权分散下的商业银行内部人控制严重化问题。

在分散型的股权结构下，商业银行公司治理主要需要解决的是代理人与股东之间的利益矛盾。因此，为了克服过度分散化的股东个体对银行控制力较弱，易形成严重内部人控制问题，在此股权结构基础上的内部监控制度安排，往往采取的是引入“第三方中立监控”的制度安排方式，如外部独立董事制度，通过对董事会制度采取外部监控化的方式，从而对董事和管理层等内部实际控制人的决策与经营进行有效的监督、控制和约束，在董事会内部设立主要由独立董事构成的各类专业委员会，负责具体实施对银行董事和经营管理人员的监督与控制。

而适度集中型的股权结构，相对于前两种结构类型而言，则是一种比较合理的股权结构，既保持了一定的股权集中度，又存在有若干大股东类型，这种结构有利于在股东内部之间建立起有效的激励约束机制，从而避免了前两种股权结构下的股东非理性的极端行为。在此种类型股权结构中，各个股东行使权利的努力程度是与其持股水平成正比的，在股权比例差距分布适当的前提下，能够有利于各种类型股东都积极适度地参与银行的公司治理，有利于形成公司治理结构间的有效监督与制衡，从而能够有效降低委托—代理关系下的效率损失，为优化公司治理结构、提高治理绩效提供基础性条件。在适度集中型股权结构的内部监控制度安排上，要求根据本国的经济条件、法律环境等的现实影响与状况变动，以公司治理的职能本质与基本目标为主线，优化公司治理结构的核心内容等作出相应的内部监控制度安排，有效解决银行内部人控制问题与控制银行经营风险。

6.2 中国商业银行股权结构与监事会制度有效性

6.2.1 股权结构现状与特征

根据本书的研究范围，将我国现有 14 家上市股份制商业银行

（截至 2009 年底）股权结构现状统计分析如表 6－1 所示：

表 6－1　　　　　　中国股份制上市商业银行股权结构

银行名称	第一大股东持股比例	第二大股东持股比例	第一大股东性质
工商银行	70.7	16.3	国有
中国银行	67.5	24.7	国有
建设银行	57.1	19.1	国有
交通银行	26.5	21.9	国有
华夏银行	13.9	11.9	国有法人
浦发银行	21.2	6.5	国有法人
深圳发展银行	16.8	4.5	境外法人
兴业银行	20.8	12.8	国有
招商银行	17.8	12.4	境外法人
中信银行	61.8	15.7	国有
民生银行	15.3	4.9	境外法人
北京银行	16.1	10.4	境外法人
南京银行	13.4	12.6	国有
宁波银行	10.8	10.0	国有

资料来源：根据各家商业银行 2009 年年报①整理。

从表 6－1 分析可以看出，中国商业银行股权结构呈现出一定的差异性，从股权结构集中度来看，相对德国、日本等国的商业银行，中国股份制商业银行股权结构整体集中度相对较低，但与英、美等国的商业银行相比，我国商业银行股权结构集中度又处于比较高的水平，尤其是大型国有控股商业银行工商银行、中国银行、中国建设银行、交通银行与中信银行处于高度集中型的股权结构水平；浦东发展银行、兴业银行股权结构处于相对集中的股权水平；而华夏银行、深圳发展银行、招商银行、民生银行、南京银行、北京银行、宁波银行等银行股权结构集中度相对较低。

---

① 其中工商银行第一、第二大股东分别为汇金公司与财政部，为统一标准，说明国有股权控股水平，将其合并为第一大股东。

从股权结构股东性质看，除深圳发展银行属于外资股权绝对控股，民生银行是由外资与非国有法人股权绝对控股外，在中国股份制上市商业银行中国有股权（包括国家股和国有法人股）几乎都占有绝对的比重，特别是在原国有独资商业银行这一特征更加明显，具有高度集中型的国有股东控股性质特征。

表6－2是近2007～2009年中国上市商业银行的国有股持股状况。

表6－2　　　　2007～2009年国有股持股比例

统计量	2007年	2008年	2009年
样本量	14.00	14.00	14.00
均值	37.29	34.36	36.05
中位数	32.79	31.92	32.85
众数	0.00	0.00	0.00
标准差	26.77	23.12	23.76
最小值	0.00	0.00	0.00
最大值	74.80	70.70	74.90

从表6－2分析可以看出，2009年中国14家上市商业银行中，国有股持股比例最高的银行为74.90%，比2008年提高了4.2个百分点，比2007年提高了0.1个百分点。平均来看，2009年每家上市商业银行的国有股持股比例为36.05%，比2008年提高了1.69个百分点，比2007年降低了1.24个百分点。

中国股份制上市商业银行，尤其是原国有商业银行股权结构所表现出的股权高度集中的数量特性，以及国有股东类型的性质特征，对中国商业银行的公司治理以及监事会制度有效性产生了深远的，甚至是根本性的影响。中国商业银行，特别是原大型国有独资商业银行在股份制改造、公司治理改革前，如前文所述，都存在严重的所有者缺位问题，不存在真正意义上的理性的经济人作为股东有效行使职权对银行进行监督和控制，这导致信息不对称、缺少激励约束等问题的长期存在，以及严重的内部人控制扩大化问题，即行长等银行内部经营管理层掌握了银行的实际控制权与剩余索取权，在重大投资、信贷项目上，在利润分配上过分追求内部人利益的最大化。2003 年后，国有独资商业银行股份制改革中，改由汇金公司代表国家向其注资，成为新的控股股东形式，享有股东分红、参与经营管理、获取剩余索取权等权利，同时，汇金公司依据有关法律与章程的规定，向出资银行派出董事，通过行使表决权维护其股东的权益。

从形式上看，汇金公司模式解决了原国有独资商业银行所有者缺位的问题，其他全国及区域性股份制商业银行和地方性城市商业银行也参照此模式由相应的政府部门来行使所有者职权，但从本质上看，这种模式实质上只是一种过渡形式，只是由原来以政府为产权主体名义的委托形式过渡到以政府部门为产权主体的委托管理形式，在现阶段这种委托—代理关系模式下的公司治理结构中，无论是控制股东汇金公司，还是其委派的董事、监事，还是行长等都是政府机关派出的官员，都不是资本的真正所有者，也都不是债权人等利益相关者选定的利益代表，都缺少维护股东与其他利益相关者权益的根本性激励约束动机，而主体形式上的确定、运作程序上的规范并不能真正改变“所有者”缺失的实质，因此，在这种股权结构下，国有股作为最大和唯一的控股股东，必然会造成商业银行公司治理结构的扭曲，代理成本的不断增大，也不会真正产生或需要对代理人决策与经营进行有效监督约束的制度安排，对此本书将在下节进行详细论述。

6.2.2　股权结构对制度有效性影响的实证检验

根据本书上章对监事会制度有效性的描述性统计分析与综合评

价指数分析，本节在此基础之上通过建立回归模型考察监事会制度有效性与中国商业银行股权结构性质之间的回归关系。

在本节中，分别以监事会制度有效性指数 I、监事会规模与结构指数 $I1$、监事会运行状况指数 $I2$、监事会独立性指数 $I3$、监事胜任能力指数 $I4$、监事的激励与约束指数 $I5$ 为被解释变量，以第一大控股股东 Z 为解释变量，并考虑股权性质的回归模型，来研究股权结构对监事会制度有效性的影响。

样本数据中，工商银行的第一大股东持股比例为汇金公司和财政部持股比例之和。

股权结构对监事会制度有效性的影响回归模型如下：

$$I1 = \alpha_0 + \beta Z + \alpha_1 num + \varepsilon \qquad \text{模型（1）}$$

$$I2 = \alpha_0 + \beta Z + \alpha_1 num + \varepsilon \qquad \text{模型（2）}$$

$$I3 = \alpha_0 + \beta Z + \alpha_1 num + \varepsilon \qquad \text{模型（3）}$$

$$I4 = \alpha_0 + \beta Z + \alpha_1 num + \varepsilon \qquad \text{模型（4）}$$

$$I5 = \alpha_0 + \beta Z + \alpha_1 num + \varepsilon \qquad \text{模型（5）}$$

$$I = \alpha_0 + \beta Z + \alpha_1 num + \varepsilon \qquad \text{模型（6）}$$

模型中，num 是虚拟变量，反映第一大股东性质，其取值为：

$$num = \begin{cases} 1 & \text{第一大股东为国家或国有法人} \\ 0 & \text{其他} \end{cases}$$

对模型（1）~模型（6）进行回归，剔除不显著的回归方程和解释变量后，最终的回归结果如表 6－3 所示：

表 6－3　股权结构对监事会制度有效性的回归分析结果

解释变量	模型（1）	模型（6）
	$I1$	I
constant	0.5064***	0.3526***
	(8.2502)	(21.5327)

续表

解释变量	模型（1）	模型（6）
	$I1$	I
Z	-0.0043*** (-5.5270)	-0.1213* (-2.0754)
NUM	0.1318** (2.5610)	-0.1451** (2.7129)
修正 $R2$	0.5041	0.4613
F 值	9.2126***	5.2081**
F 检验的 p 值	0.0022	0.0431

注：括号内的数值为 t 值；*、**、*** 分别表示显著性水平为 0.10、0.05 和 0.01。

从表 6-3 可以看出，在 0.10 的显著性水平下，模型（1）和模型（6）具有显著的线性回归关系。这两个模型均无异方差和自相关问题。

从模型（1）可以看出，第一大股东持股比例 Z 以及第一大股东是否为国家或国有法人持股对监事会规模和结构指数 $I1$ 均有显著影响。从 Z 的回归系数可以看出，第一大股东持股比例 Z 对监事会规模和结构指数 $I1$ 具有负向影响，即在保持其他因素不变的情况下，第一大股东持股比例增加一个百分点，平均来看，监事会规模和结构指数将降低 0.0043 个单位；从 NUM 的回归系数可以看出，在第一大股东持股比例相同的情况下，第一大股东为国家或国有法人持股的监事会规模和结构指数比非国家或国有法人持股大 0.1318 个单位。

从模型（6）可以看出，第一大股东持股比例 Z 以及第一大股东是否为国家或国有法人持股对监事会制度有效性指数 I 有显著影响。从 Z 的回归系数可以看出，第一大股东持股比例 Z 对监事会制度有效性指数 I 具有负向影响，在保持其他因素不变的情况下，第一大股东持股比例增加一个百分点，平均来看，监事会制度有效性指数将降低 0.1213 个单位。从 *NUM* 的回归系数可以看出，在第一大股东持股比例相同的情况下，第一大股东为国家或国有法人持股的监事会制度有效性指数比非国有法人持股小 0.1451 个单位。

6.3 中国商业银行监事会制度有效性与公司治理监控需求主体优化

6.3.1 控股股东、监控需求主体与监事会制度有效性

中国商业银行经过股份制改造和上市后，虽然通过引入境外战略投资者等改变了国有股权结构单一的格局，出现了股权结构多元化的变化趋势，但是由于商业银行是我国金融体系最重要的组成部分，通过商业银行特别是通过大型国有控股商业银行间接融资是我国经济发展中主导的融资方式，商业银行的融资效率与规模在资源配置和促进我国经济增长中占有极其重要的地位，这种特殊地位性决定了在相当长的一段时期内，中国商业银行股权结构不会向多元化结构方向演变，国家或国有企业仍将是中国商业银行特别是大型股份制商业银行最大的控股股东，国家在中国商业银行股权结构中必然会占有相当的比例，特别是在大型股份制商业银行国有股份会占有绝对控股比例，为了保护国有控股股东利益，也必然会在中国商业银行公司治理结构中选择代理人，通过其所有权代表进入商业银行的董事会，掌握银行的绝对控制权，对董事会与行长经理层进行约束与控制，间接影响控制商业银行的经营管理。

在当前外部控制权市场约束控制作用有限的条件下，以及商业银行体系对我国经济发展的重大影响，以控股股东决策、控制为主

的商业银行公司治理内部结构有其合理性与必要性，但现代公司治理理论表明，在以集中型股权结构为基础的公司，公司治理的首要矛盾并不是分散股权结构下的所有者与管理者之间的代理问题，而是控股股东与中小股东或投资者之间的利益分配问题，尤其是大股东或控股股东利用手中的投票权、控制权获取私利、侵占其他利益相关者利益的矛盾问题。中国商业银行公司治理结构是由股东组成股东大会，股东大会选举产生董事会，董事会成员主要以执行董事和控股股东代表组成，再由董事会聘任行长经理人，在股东、董事会、行长经理人之间形成的委托—代理关系。实践证明，这是一种有效率的制度安排，但却忽视了中小股东、债权人、广大存款人和行内职工等利益相关者在公司治理中的权益与作用。

商业银行因其经营行业、业务、对象的特殊性，具备高负债率、多债权人、硬债权约束的特点，涉及众多利益相关者，如政府、债权人、存款人、职工和社区等，并且商业银行对社会经济的稳定与发展具有广泛的影响，这些都使得商业银行的公司治理远远超出了控股股东单一治理的范畴，决定了必须在商业银行的公司治理结构优化过程中充分考虑、安排利益相关者的治理权限。

具体到中国商业银行监事会制度，我国现行法律将监事会定位于在股东大会下与董事会并列设立的机构，监事会对全体股东负责，代表全体股东对董事会、行长经营管理层进行监督控制，但是当股权结构高度集中并且控制在国有控股股东手中时，由于监事会人员数量有限，其监事会主席与成员主要由控股股东派代表出任，大型国有控股商业银行多由财政部和汇金公司选派的代表出任，其他股份制商业银行也多由国有企业或国有控股企业代表出任，因此，监事会制度所代表的监督控制权实质上仍然是国有控股股东的监督权，国有控股股东是监事会制度的实际监控需求主体，而不是真正意义上的完全利益主体的监控需求主体。

从理论上讲，控股股东、中小股东和其他利益相关者都需要监事会制度对董事、行长经营管理层等内部人进行监督控制，但是在现行制度安排下，控股股东大多数已经直接进入或委派代表参与董事会，甚至担任董事长，既是股东又是董事的双重身份使得董事会等价于控股股东，董事会完全按照控股股东的意愿履行决策职能，控股股东已经从监控需求主体的角色蜕变为内部决策权与监督权的双重执行主体，一方面通过股东大会对监事会直接进行控制或通过授权间接控制监事会制度的监督制衡力度与范围，限制监事会对董事会、经营管理层的监督与约束；另一方面，由控股股东或股东代表组成董事会成员，对银行经营管理层进行约束，对银行经营管理进行决策和控制。这种控股股东代表特性所形成的集监督者与被监督者角色于一身的特点，使得监督者自我监督毫无意义。因此，国有控股股东作为监控需求的实际主体对监事会制度的监控需求并不强烈，甚至是可有可无的，但这种特性对内部监控制度安排造成的最大弊端，就是特殊的激励约束机制所导致的公司治理结构的扭曲，造成监事会制度的职能定位产生偏差，在控股股东的操纵与压力下，明知董事、行长管理层有违法违规行为，却不予揭露，甚至形成事实上的董事会、监事会和行长管理层合谋，混淆决策、监督与执行的权力制衡边界。

中国商业银行的控股股东，特别是超大型国有控股银行，如工行、农行、中行、建行、交行，其控股股东都是代表国家的国有控股企业，其他股份制商业银行一般也是国有企业或国有控股企业。因此，这些控股股东以及由他们选派的股权代表即董事自身就缺乏完善的激励约束动机对所拥有的所有权进行监督制衡，造成的后果就是更易形成监督控制权配置、制衡的扭曲与矛盾，直接导致了对监督制衡需求的减弱，形成了监事会制度需求主体弱化、机制运转的低效率。反映在监事会制度监控需求主体的安排关系上就是只考虑国有控股股东和内部人的利益，而忽视了社会、中小股东、债权人、广大存款人和行内职工等利益相关者对监督控制权的迫切需求。

公司治理理论与实证检验都说明，中国商业银行国有控股股东的特性，决定了监事会制度监督制衡与控制约束的必要性，但同时也决定了其监督权配置的低效率。因此，股权结构是商业银行公司治理结构优化的基础，如果没有股权结构的改革配套，仅在公司治理结构形式上进行改革是不够的，只有真正实现中国商业银行股权结构的多元化，形成相对集中、适度的结构，才能从根本上提高内部监控制度在公司治理结构决策监督制衡制度设计中的有效性。

股权结构的不完善，固然会对公司治理结构优化产生影响，但是股权结构并不是公司治理改革的全部，优化公司治理结构的关键仍然在于制度安排。在现阶段制度安排下，中国商业银行控股股东高度集中性所导致的激励约束机制缺失，使监事会制度出现严重内在缺陷是不可避免的，因此，只有突破现有股权结构框架，进行监控需求主体创新才能真正优化完善现有监事会制度基础，监事会制度只有作为利益相关主体多元化的代表，对新的监控需求主体负责，对董事会、经营管理层进行监督和权力的制衡，才能提高其有效性，发挥出有效的监督制衡的作用，从而达到带动中国商业银行公司治理结构整体优化的目标。

6.3.2　监事会制度有效性与监控需求主体优化

在现代企业制度下，所有权与经营管理权的分离以及由此产生的信息不对称，促使委托人对代理人经营活动进行监督控制的实际需求，这是包括监事会制度在内的公司治理内部监控制度产生和不断优化完善的根本性动力，只有满足监控需求主体的监督控制行为，才是真正有效的、高质量的内部监控制度安排。

对于商业银行而言，公司治理结构的优化进程中需要首先面对监控需求主体代表性的问题，因为商业银行信用契约的本质特性决定了银行业的公司治理必须要全面照顾到广大存款人、中小股东、社会、内部员工等其他利益相关者的利益，并且要考虑到对本国社会稳定、经济发展与金融安全所担负的责任，因此，在商业银行其他利益相关者的权益要比非银行企业重要得多。在我国，中国的商业银行要更加考虑和照顾利益相关者的权益，其根本原因在于：第一，中国商业银行在我国金融体系中居于特殊的地位，是我国国民经济发展的重要支柱，也是国民经济的重要组成部分，其经营状况直接关系到国家宏观经济的稳定和企业的生存与发展，决定着我国宏观经济的稳定和金融体系的稳健性，特别是商业银行的风险损失以及由此引发的巨大金融风险会严重威胁到我国社会经济生活的各个方面。第二，中国商业银行是我国实体企业最重要的融资渠道和全社会不可或缺的支付体系，而且还承担着在特殊时期、特殊条件下为市场提供信贷和流动性支持的任务，为此商业银行往往作为我国国民经济的关键部门被纳入政府安全体系而成为政府调控的重点目标。第三，中国商业银行的资金主要来自社会存款，其中来自社会公众的储蓄存款又占了绝对的比例，银行经营的安全性与稳健性直接关系到企业与储蓄者的利益，在我国尚未建立存款保险金制度的情况下，很可能出现银行经营者只考虑控股股东的利益而进行高风险的贷款或投资，而将这种不确定性所带来的风险转嫁给存款者的状况。第四，中国商业银行尤其是大型国有商业银行股份制改造、上市的改革成本是由国家外汇储备和财政承担的，这些都属于公共资源，都是最终通过税收、货币发行或贬值等方式由社会公众来承担的改革成本，因此社会公众有权利参与对这些商业银行的监督与控制。

在中国商业银行公司治理结构下，由于股东的利益，主要是国有控股股东的利益已经集中在公司治理结构董事会制度安排中得到了充分体现和保护，而现行的公司治理结构架构中又恰恰忽视了广大中小股东与存款人、债权人、贷款人以及其他利益相关者的决策与监督控制权益，而以外部控制权市场为主的外部市场监控体系在我国经济体制改革过程中很难在短时期内得到完善，外部权力监督管理能力又不强，中国商业银行公司治理必须面对这样的现实条件和环境，这就决定了现阶段中小股东、职工、存款人等利益相关者缺乏参与公司治理的有效手段，难以保护自身的权益。

因此，在当前中国商业银行公司治理结构优化进程中，必须首先要体现在广大利益相关者的权益，在当前控股股东和行长经营管理层实际控制董事会的情况下，充分发挥内部监控制度的职能，发挥其在内部治理结构监督制衡与约束控制作用，强化监事会运转机制的建设，就成为优化中国商业银行公司治理结构最现实的选择。就内部监控制度而言，监事会制度所固有的历史路径依赖性以及其对董事、行长经营管理层等内部实际控制人进行监督控制为主要特征的制度安排，充分发挥监事会制度的监督控制作用，明确监事会制度的监控需求主体是包括控股股东在内的其他各类利益相关者，对于银行业来讲具有特别重要的现实意义，这样才能够真正实现广大利益相关者监督控制需求的代表性，将监事会制度定位于作为广大利益相关者的代表履行对董事、行长管理层等内部控制人的监督控制，维护利益相关者利益的内部监控制度。

监事会制度安排中利益相关者成为监督控制需求主体下的公司治理结构模式如图6－1所示。

根据公司治理理论，优化监督控制需求主体，强化监事会制度的内部监督控制力度，促使广大利益相关者真正成为有效的监控需求主体取决于三个条件：一是对监督控制需求内在动力的大小；二是监控需求主体的成熟程度；三是监控需求主体影响力的大小。只有满足上述这三个条件，监事制度才能真正作为利益相关主体多元

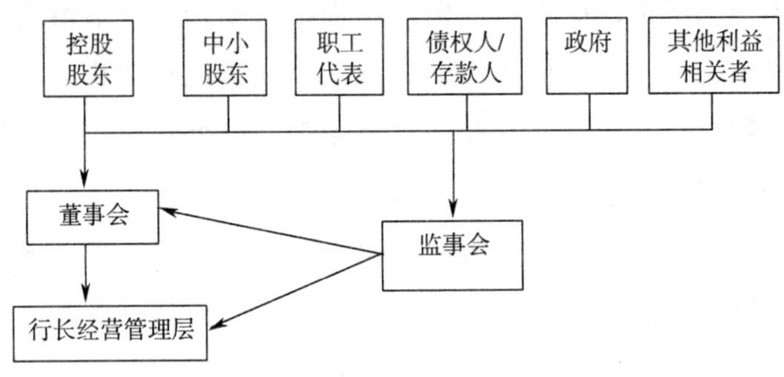

图 6-1　监督控制需求主体结构

化的代表，对新的监控需求主体负责，监事会制度也才能发挥对董事会、经营管理层的监督制衡和约束控制作用，才能提高其有效性，从而达到优化公司治理结构的目标。

首先，要提高利益相关者对商业银行监督控制需求的内在动力性问题，必须要实现各利益相关者在监事会制度执行主体中的代表性，真正使监事会制度对各利益相关者负责，接受利益相关者的委托行使监督控制权。监事会中不仅应包括控股股东代表，在其他利益相关者当中，中小股东、银行职工和债权人（存款人）、政府与银行的利益相关性最大，最具有参与监督的动机和能力，监事会应当更多、更集中地代表他们的利益，在限制控股股东代表监事的基础上，主要应吸收广大存款人（债权人）、职工、政府部门等利益相关者代表参加，分别接受这些利益主体的委托行使监督控制权，从而使监事会制度成为利益多元化的组织结构，成为利益相关者为共同执行主体的内部监督控制制度，这就从根本上解决了监事会制度监控需求主体动力性的问题。其中，①股东监事。在股东大会投票选举产生股东监事时，规定持股份额在一定比例以下（通常为5%或1%）可采用累积投票法选举代表监事，从而保证中小股东利益的代表性，并且在监事会人员来源结构划分比例，规定代表中小股东的监事必须达到一定数量。②按照我国《公司法》的规定，监事会成员应包括适当比例的职工代表，但这一规定实质上构成监事会制度有效性发挥的一个“瓶颈”。就现阶段商业银行监事会制度而言，职工代表多为工会、政工干部或是劳动模范，其薪酬和职位由所在银行管理层所决定，这决定了职工监事在履职过程中首先考虑的是自己的利益，当董事会、管理层的决策对自己有利时，其理性选择就是放弃甚至忽略了中小股东和其他相关者的利益，从而模糊了监督者和执行者之间的界限，导致监事会制度有效性的弱化。因此职工监事的产生、任免必须保持独立性，不能受到银行管理层的制约，职工监事应由职工大会等民主选举的形式产生，并且董事、行长和其他经营管理层人员不得担任职工监事，另外职工监事的薪酬与职务晋升要与管理层相脱离，由监事会进行考核。③债权人或存款人监事，主要是指外部独立监事，包括社会公众代表、社会代表和债权单位代表等，在监事会成员结构中必须保证外部独立监事占有相当的比例，外部独立监事可由主要债权单位推荐或从外部人才市场聘任具备较高的专业素质和良好信誉的知名人士担任，本着能够更好代表其他利益相关者利益的原则，外部独立监事必须是真正的存款人和社会公众，只对债权单位和存款人负责，不在银行担任其他职务，并与其所受聘的银行及其主要股东之间不存在可能妨碍其进行客观判断的关系，其薪酬由派出单位或由银行内提取的经费单独列支。④政府监事。政府监事具有公务员性质，主要由国有资产管理部门选择专业管理人员出任，作为国家财政部门或地方政府代表进行监督控制。

其次，要提高利益相关者成为监督控制需求主体的成熟度，就要建立科学的各利益代表相关者代表选任程序与相应的激励约束机制。从各类利益相关者中选任监事代表时，要注重其是否具备财会、法律专业背景和胜任能力，只有这样，才能保证各类监事代表能够较好地履行监督控制职责，其中中小股东代表监事，由银行给予薪酬补贴，由监事会提出方案，报股东大会批准；外部独立监事，既可以是专职，也可以是兼职，其薪酬由派出单位或由银行内提取的经费单独列支；职工监事具有独立的激励机制，不受银行管理层的制约，其薪酬直接从行内提取的工会经费中支付，并且在监事任期内，其原有工作岗位和待遇不得变更，非因本人重大过错，如旷工、盗窃或发生重大责任事故等，银行不得予以解聘或降职；政府监事，由政府选派并支付薪酬。

要真正实现和充分保障利益相关者作为监督控制需求主体的影响力，还必须要相应赋予利益相关者组成的监事会以必要的监督权力，构建以监事会制度为核心的内部监督控制体系，本书将在后面章节中对此进行详细论述，但可以将保障监督控制需求主体的影响，所需要赋予的主要权力简要概括为：①信息掌握权。为了有效监督控制商业银行信息不对称的严重性所导致风险的高隐蔽性，应明确向监事会报阅的银行文件、资料和财务报表以及随时检查或调查银行有关人员、业务经营和财务状况的权力。②代表权及诉讼权。当出现董事、行长管理层等内部人违法违规行为或侵害银行利益时，为了维护利益相关者利益，应明确规定监事会在特殊情况下可以行使一定的代表权，有权代表银行进行起诉，追究董事、经理的法律责任。③临时股东大会召集权。当认为必要时，监事会可提议并负责召集临时股东大会，通过临时股东大会有效维护中小股东及其他利益相关者的利益。④内部监督控制权限的主导权。应构建以监事会为中心的内部监督控制体系，将内部监督控制权限真正置于监事会主导之下，这样既有利于监事会更好地掌握公司经营活动的信息，保护相关者利益，又能有效提高内部监督制衡的权威性。⑤财务报告的审核权。银行财务报告编制后应该先交给监事会审核，再由监事会提交股东大会审批通过，以确保银行经营与风险信息的公开与透明。

第7章 监督控制、监事会制度有效性与公司治理结构关系优化

监督控制需求主体的优化，为监事会制度有效性的发挥提供了基本的动机与能力，但是仅有需求主体的优化是不够的，监事会制度有效与否，有效性发挥程度如何，还取决于制度设计的合理性、合法性与可实践性。

7.1 有效性条件下的中国商业银行独立董事制度分析

如上文所述，内部监控制度作为公司治理结构中基础性的制度安排之一，对商业银行公司治理内部监督制衡与约束控制发挥着根本性的作用，无论是形式的“单层模式”还是“双层模式”，其实质上都是相同的，并不存在本质的差别，都是通过制度的安排来弥补外部监督约束控制条件的失灵，监督控制银行董事和高级管理人员，有效解决银行内部人控制与经营风险问题。但是内部监控制度的安排与选择并不是任意的，是建立在本国经济发展道路、政治法律制度与文化传统习俗等历史发展路径基础之上的，是对当前商业银行可能存在的利益矛盾与冲突进行认真分析，对现有制度和规则基础进行充分把握的前提下作出的，如果不是如此，制度安排出现错误或者出现制度安排的混淆模糊，反而是有害的，会造成负面的矛盾与冲突，提高代理成本，扭曲公司治理结构关系，降低监督控

制的效率与质量。

7.1.1 独立董事制度的产生与形成

由于我国现行股份制上市公司监事会制度所表现出的监督弱化问题，2001 年 8 月，中国证监会制定颁布《关于在上市公司建立独立董事制度的指导意见》，将独立董事制度引入我国，使我国上市公司治理结构中出现监事会制度与独立董事制度并存的双重内部监控制度。2002 年 1 月，中国证监会发布《上市公司治理准则》，对双重内部监控制度进一步予以强化，要求上市公司建立独立董事制度，并要求在董事会下设立的审计、提名、薪酬与考核委员会中独立董事应占多数并担任召集人，审计委员会中至少应有一名独立董事是会计专业人士，并就各委员会的主要职责作了划分。其中审计委员会所担负的主要职责是：提议聘请或更换外部审计机构，监督公司的内部审计制度及其实施，负责内部审计与外部审计之间的沟通，审核公司的财务信息及其披露、审查公司的内控制度。《上市公司治理准则》同时规定了上市公司建立监事会制度（第四章），但显而易见，准则将公司的内部监控权限归于了独立董事制度。

2002 年 6 月，中国人民银行制定颁布《股份制商业银行公司治理指引》和《股份制商业银行独立董事和外部监事制度指引》，要求股份制商业银行建立独立董事制度和外部监事制度，并对独立董事与外部监事的任职资格、提名和任免程序作了规定。

由此，在中国商业银行公司治理结构中形成了双重内部监控制度安排，即独立董事制度与监事会制度并存，并都赋予了相近的监督控制职能，都要求监事与独立董事在履行职责过程中发现董事会、董事、高级管理层成员及商业银行机构和人员有违反法律、法规、规章及商业银行章程规定情形的，应及时要求予以纠正等，这样在独立董事与监事制度职能定位上形成了趋同性，在履职方式也有相似之处，呈现出制度设计上的冲突。

7.1.2　独立董事制度有效性分析

（1）商业银行董事会制度职能的演进与独立董事制度的实质

从国际上大多数商业银行公司治理的发展历史来看，董事会制度本身的定位与职能也经历了一个发展的过程。随着国外公众持股型商业银行的不断涌现，股权从集中在少数个人或少数集团手中，发展到实际上归属于广大投资人所有，此时传统的董事会制度就难以充分代表各方面所有者的利益，特别是在同股同权的制度下，大股东在控制银行经营管理的过程中经常出现损害中小股东、广大存款债权人利益的现象，并且商业银行经营管理层在不受监督控制的状态下，对银行实施的封闭管理与控制，也会给公司其他利益相关者带来较大的风险。为此，董事会制度的服务对象与职能定位都产生了相应的变化要求，建立一个相对独立、有效制衡的内部监控制度就成为公司治理结构优化、董事会制度改革的方向，而这些来自改革的压力，最终推动了商业银行公司治理结构的不断优化与董事会制度的根本性变革。

从全世界商业银行公司治理范围来看，这种变革表现为不同的进程和不同的形式，美英等发达国家商业银行表现为股东大会越来越多地向董事会制度授权，并在诸多因素驱动下向外部独立董事分权，之所以形成这种潮流，并不完全是迫于外部压力或追逐经营利益所形成的，而是具有深层次的内在驱动力，根本原因在于这些国家的商业银行股权结构高度分散化并且高度流动化，弱化了股东大会的监督控制力量，易导致形成董事和行长经营管理层滥用职权的内部人控制与银行经营高风险问题，众多中小股东、机构投资者、存款债权人以及其他利益相关者希望通过股东大会向董事会授予更多权力的方式，有效遏制银行内部人控制，实现对银行经营管理层经营执行权的有效监督制衡和约束控制。

但是在向董事会授予更多权力的过程中，为了解决银行董事会既要履行决策权，又要履行监督控制权这种双重职能的矛盾冲突，发达国家商业银行对董事会制度进行了根本性改革，改革的根本点就是引入外部独立董事制度，强化了董事会制度在公司治理结构中的独立性，从而加强了对银行内部董事与行长经营管理层的监督与控制，防止出现银行内部人控制与经营风险。因此，这种向董事会的转授权表现为赋予外部独立董事监督银行经营管理层与银行经营业绩更多的权力，甚至包括影响和改变银行经营决策方向和可以撤换行长经营管理层的权力。

为了从根本上体现和发挥外部独立董事制度在董事会制度中的作用，强化其独立性，有效发挥独立董事制度的监控职能。发达国家商业银行主要通过在董事会定位、组织、运作方式、管理机制等主要方面的机制设计，对独立董事制度的作用进行了充分的体现和保障，并使该项制度贯穿于商业银行有效制衡的全过程之中，这种机制保障性在董事制度的基本特征即在董事会的组建程序、规模、人员结构与独立性四个特性中得到了充分的体现。

第一，以独立董事组成的委员会为核心，建立科学的董事会人员选聘机制，从人员来源机制上确保董事会制度的独立性、权威性以及制衡功能的发挥。目前在英美等发达国家商业银行都在董事会下设立由独立董事组成的提名委员会，该委员会主要负责：一是负责提名合格银行董事人选，报经股东大会会议批准；二是制定合格董事的选聘标准和资格；三是负责董事的配置与流动。通过这种以独立董事为中心的董事选聘机制，可以有效防止由董事长或行长提名所导致的董事会成员同质性与合谋性，从而避免董事会制度决策监督制衡功能受到损害。并且在这一董事选聘机制下，通过董事选聘和资质标准的明确与把握，确保了董事会成员的履职能力和水平。

第二，合理确定董事会有效运作的规模。董事会必须结合银行自身经营的特点与战略目标科学确定自身的合理规模，适度的规模是董事会制度效率的重要保证。

第三，以外部独立董事成员占多数，优化董事会成员结构，防止内部人控制，确保董事会制度决策监督制衡作用的发挥。为了确保独立董事在董事会制度运转过程中决策与监督制衡作用的发挥，发达国家商业银行董事会成员结构中一般银行内部董事仅占20%左右，而外部独立董事数量则占到绝对的多数，并且外部独立董事的身份、标准都有比较清晰的界定。通过形成外部独立董事占多数的董事会成员的比例结构，有效增强了董事会中的制衡力量，促使董事会制度在决策过程中首先实现董事会内部的有效制衡，防止银行内部人对董事会的合谋与控制，进而实现和加强董事会制度对银行经营管理层的监督与控制力度。

表7－1　　　　成熟市场国家在董事会制度中对独立董事比例的规定

公司治理原则	独立董事人数或比例
英国 Hample 报告	大多数非执行董事应为独立董事
美国商业圆桌会议	独立董事应占实质性多数
美国 CalPERS 的治理原则	独立董事应占实质性多数
美国 CII 的《核心政策》	至少2/3应为独立董事
澳大利亚投资经理协会	大多数应为独立董事
日本公司治理论坛最后报告	1/2以上应为独立董事
法国《维也纳报告》	独立董事至少占1/3
比利时《卡敦报告》	至少2名独立董事

资料来源：葛蓉蓉：《中国股份制商业银行公司治理的有效性》，北京，中国金融出版社，2007。

第四，以独立董事为核心构建对银行经营管理层的考核奖惩制度，从而形成对银行内部经营管理层制衡机制。董事会对银行经营管理的评价考核，特别是涉及对行长经营管理层的考核、奖惩与薪酬确定等主要制度方面，均主要由外部独立董事作出决定，强有力的考核制度对控制经营管理层起到了积极的作用。

第五，以独立董事为主构建董事会下设各专业委员会，从而在机制上确保了独立董事履职功能的发挥。董事会下设若干不同职能的专业委员会，并由这些专业委员会最终向董事会负责。商业银行一般设立战略委员会、风险管理委员会、审计委员会、薪酬委员会以及提名委员会等，其中，为了使风险管理委员会有效监督银行风险管理情况，对全行的关键风险状况作出独立判断并责成银行经营管理层采取及时风险控制措施，风险管理委员会主席由独立董事担任，而且委员会成员中三分之二应为独立董事；审计委员会大部分成员由通晓审计业务的独立董事组成，委员会主席为独立董事；薪酬委员会则完全由外部独立董事组成，审议事项只限于包括首席执行官在内的高级管理层人员和执行董事的薪酬，并报董事会、股东大会通过；提名委员会多为 1 名执行董事和 4 名外部独立董事共同组成，负责对新任董事的提名与资格进行审查，负责挑选合格的、有利于银行业务发展的人士充当银行董事人选，然后报股东大会通过。提名委员会通常会根据自己的结构，制订规范的提名程序，从而确保聘任新董事的独立性。董事会还可以成立预算委员会、筹资委员会等其他类型的职能委员会。

综上，从独立董事制度在董事会制度中的特征表现与作用发挥的实质来讲，可以说独立董事制度在商业银行董事会制度运转中发挥了核心作用，这些国家的商业银行所采取的董事会制度，其实质就是以独立董事制度为核心的董事会制度，是一个硬币的两个方面，是紧密相连，不可分离的两个部分。

以独立董事制度为内部监控制度安排形式的国家，虽然独立董事附属于董事会，但这些国家商业银行的外部监控力量都比较强大，能够为其职能发挥提供强有力的外部支持，能够有效保护投资者特别是中小股东投资者的权益，这主要表现在：资本市场特别是股票证券市场发达，具备强大的外部公司控制权市场；外部银行经理人市场、产品市场等外部竞争性市场和信用体系发达；独立董事资源丰富，使不称职的银行经理人和独立董事面临被淘汰的危险；法律体系完善，公司法、破产法以及与公司治理有关的股东代表诉讼制度与股东提案制度等齐备完善；信息披露制度发达等。

但独立董事毕竟是董事会的成员，邻近银行经营管理者，因此，独立董事是否能够真正独立，真正承担起决策与监督制衡的双重功能，在英美等国都存在着争议，但是可以明确的是独立董事制度在商业银行董事会制度中作用的发挥，即所承担决策与监督双重作用功效的实现，是有着诸多前提条件和基础的：一是需要有健全的法律制度和规则作为支撑；二是需要有清晰、明确、合理的权力和责任配置；三是需要有规范、健全的董事会内部运作机制；四是需要有高度分散化的股权结构基础；五是需要有高度发达、完善的外部监督控制条件与环境。

（2）独立董事制度监控职能有效性分析

不仅前提条件与基础不同，中国商业银行公司治理结构中独立董事制度的职能定位、作用发挥，显然与上述有着本质的区别，具体到内部监控职能而言，独立董事制度的设计，在公司治理实践中也同样表现乏力，其有效性难以发挥，呈弱化趋势，究其原因：一是独立董事的选任机制，使其不具备履职的基本独立性。根据《关于上市公司建立独立董事的指导意见》规定，独立董事由董事会推选候选人，经股东大会选举后决定，这种产生方式决定了独立董事不可能独立于董事、经营管理层等内部人的控制，不具备独立性的独立董事很难想象有高质量的监督控制效果。二是独立董事的数量构成结构，使其不具备履职的基本能力。在中国商业银行董事会人员结构中独立董事人数并不占多数，主要以股权董事和执行董事等内部董事为主，这种人员数量的构成结构使得董事会内部缺乏必要的监督制衡力量，独立董事难以有效加强对银行内部人的监督与控制力度，中国商业银行董事会独立董事构成情况见表7－2。三是对独立董事激励机制的不健全，使其不具备履职的基本动力。根据有关规定，对于独立董事职责的履行，银行应给予适当的津贴补助，补助的标准由董事会制订方案，由股东大会审议通过，并在年报中进行披露。这种由内部人决定并控制独立董事津贴的方式，实质上是一种由被监督者决定监督者报酬激励的决定机制，决定了独立董事的监督效果。另外，对独立董事的津贴也没有标准，随意性很大，导致形成较少的报酬难以激励独立董事行使监控职能，而较高的报酬则使独立董事与董事、管理层等内部人相互勾结，成为利益共同体的尴尬局面。四是独立董事的临时与兼职性，使制度难以真正运转起来。由于独立董事多是临时或兼职参与对银行的内部监督与控制，这很难保证各家商业银行独立董事有足够的精力和时间参与到银行公司治理中来，独立董事仅是个人依据银行内部有关部门提供的资料与数据展开的监督与控制，在没有专门和常设的机构配合下，很难对银行内部人进行权力的约束与制衡。

因此，包括商业银行在内的中国上市公司治理结构中独立董事制度有效性弱化现象是一种必然的结果，不具备董事会制度特征的独立董事制度，不具备取代监事会制度承担监督制衡与约束控制的能力，而且因为制度本身独立性的欠缺，在促进董事会决策的科学性、专业性与独立性等方面作用的发挥都极为有限。中国商业银行公司治理内部独有的双重内控制度安排，在治理实践中并没有表现出期待中的加强监控、职权互补的双重功效，反而造成公司治理结构的扭曲。

表7-2 中国股份制上市商业银行独立董事构成占比情况

银行名称	董事会规模	独立董事人数	独立董事占比（%）
工商银行	15	6	40
中国银行	15	4	26
建设银行	17	6	35
交通银行	18	6	33
华夏银行	15	6	40
浦发银行	19	7	36
深圳发展银行	15	5	33
兴业银行	14	5	35
招商银行	18	6	33
中信银行	15	5	33
民生银行	18	6	33
北京银行	17	6	35
南京银行	14	5	35
宁波银行	17	6	35

资料来源：根据各家银行2009年年报整理。

第一，造成了公司治理结构的混乱。如上文所述，根据《公司法》的有关规定，在公司中实行监事会制度，即只设立监事会，而依据有关行政法规与行业性规定，上市公司、股份制商业银行又同时实行监事会制度与独立董事制度并存的双重内部监控制度，在同一公司内部设立监事会与独立董事双重监控机构。这种在立法上的冲突，并没有认真考虑公司规模数量、监控权限配置、监控成本大小、监控效率高低等具体因素，作为法律强制推行的制度安排，势必造成监督控制执行主体的权力交叉与混乱，造成公司治理过程中的结构扭曲。

第二，公司治理内部监督控制职能的混乱。从有关法律、法规内容来看，中国的商业银行公司治理结构中独立董事制度与监事会制度职权严重重叠，都具有对上市银行财务检查监督的核心内容，都具有对董事和行长经理人的违法、违规行为以及损害上市银行公司利益行为的监督权，临时股东大会的召集权等权力；两种制度的执行主体下都设立审计委员会，具有相同的审计权力；独立董事与监事基本相同；独立董事、监事会履职功能并列，将同一职责同时授予两种制度执行主体的同时，却并没有对其职能之间的进行明确职权划分，造成两个主体之间职责不清、互相推诿，从而进一步削弱了现有监事会制度的有效性。两种制度的监控权限比较如表7－3所示。

表7－3　监事会制度与独立董事制度中监督控制权限比较

监督控制权力	监事会制度	独立董事制度
1. 聘用或解聘会计师事务所的提议权	有	有
2. 召开临时股东大会的提请权	有	有
3. 独立聘请外部审计或咨询机构权	无	有
4. 重大关联交易确认权	有（发表独立意见）	认可权
5. 公开向股东征集投票权	无	有
6. 提名、任免董事权	无	有（发表独立意见）
7. 聘任或解聘高级管理人员权	无	有（发表独立意见）
8. 对公司董事、高管人员的薪酬决定权	无	有（发表独立意见）
9. 对公司董事、高管人员尽职情况的监督评价权	有	无
10. 向证券监管机构或其他部门的直接报告权	有	无

资源来源：《公司法》、《上市公司治理准则》与《关于在上市公司中建立独立董事制度的意见》中的有关规定内容。

综上，对中国商业银行而言，尤其是大型国有控股商业银行，公司治理结构制衡关系的制度设计与选择，不在于形式上模仿与否，关键在于制度安排是否具有经济性与效率性，能否有效降低监督成本，提高监督效率；是否符合本国法律、文化制度等历史发展路径规律；是否对当前中国股份制商业银行可能存在的利益矛盾与冲突进行过认真的分析；是否对现有制度和规则基础进行过充分的把握。只有这样，才能够判断出内部监控制度安排的适用性，才能及时明确制度设计的合法性与可操作性。

7.1.3　独立董事制度、监事会制度与结构关系优化

（1）独立董事制度的职能定位

商业银行独立董事制度在公司治理结构中的定位与作用的发挥，是由公司治理结构所设计、选择的决策监督制衡模式决定的，主要表现为两方面的作用：一是打破商业银行决策权的高度封闭性，保持和提高董事会决策的独立性、科学性和公正性，降低委托代理风险，促进董事会制度决策权的良性竞争。二是作为商业银行内部董事与经营管理层的监督控制者，发挥公司治理结构中内部监督控制与制衡约束的职能作用。从这两方面定位来看，其实质是有所区别的，前者是为了保证董事会的独立性，支持和发挥董事会制度在公司治理结构中科学决策核心作用而服务的；而后者则不同，是公司治理结构内部监控制度模式的调整，是对监事会制度作用的替代。因此，在英美等国商业银行单层董事会结构中，决策是由独立董事和执行董事共同参与制定的，独立性则多依赖于独立董事保持，没有另外设置监事会，而是由独立董事来发挥内部监督制衡和约束控制的职能作用。

中国商业银行在原有双层并列公司治理结构的决策与监督制衡结构基础之上，在行政法规的规定下引入了独立董事制度，形成了极为特殊的公司治理结构内部双重监控制度模式，这种独有的双重制度安排必须明确以下几个问题：第一，由于独立董事制度与监事会制度来自于不同公司治理结构模式下的两种内部监控制度形式，

因此必须首先明确独立董事制度在中国商业银行公司治理结构中的职能定位；第二，在制度设计上必须明确独立董事与监事会制度的权力边界，避免两种监控制度在职能上的交叉与冲突，同时建立必要的协调机制，充分发挥各自制度优势，有效利用监督资源。

对于独立董事制度在中国商业银行公司治理结构中的职能定位，根据上文分析，其职能定位只能确定在第一方面，即独立董事是保障董事会制度的独立性，促进董事会决策的科学性、专业性与独立性，作为商业银行内部董事会决策的参与者，发挥决策参谋与独立性保持的作用。

给予独立董事制度这个职能定位，最明显的特点在于当前有关法律、法规没有修改，仍要保持独立董事制度的前提下，在充分考虑我国法律、文化制度等历史发展路径的基础上，吸收了独立董事制度的优点，有效针对当前中国商业银行可能存在的利益矛盾与冲突，从而有效优化了公司治理结构关系：一是有利于决策权与监督权之间的权限划分，权限边界的明晰，易于避免董事会与行长经营管理层的高度重合，从而实现决策权与执行权的分权制衡，强化董事会制度的独立性；二是通过选聘具有高水准的专业人士担任独立董事，能够为董事会带来更加丰富的专业知识和经验，有利于提高董事会决策的科学性与专业性。

（2）独立董事制度、监事会制度与结构关系优化

鉴于良好的公司治理结构对于银行业的重要作用和影响，先进的商业银行在公司治理结构优化进程中，优化的核心都是推进银行决策权、监督权与执行权三权制衡机制的有效运转，从而有效改进公司治理结构。

上文中对于独立董事制度职能再定位，是鉴于当前我国《公司法》等有关法律、法规修正之前，现阶段独立董事制度仍然存在这一现实所作出的考虑。对于其与监事会制度有效性的关系，可以考

虑沿着过渡性思路对中国商业银行公司治理结构关系进行优化：即在完善优化监事会制度的基础上，进一步强调和发挥监事会作为监控权限行使主体在公司治理结构内部权力分配的定位与作用，并在具体监督实践中制定出独立董事制度与监事会制度双重配合的制度设计。

从商业银行公司治理内部监控制度发展趋势上讲，独立董事制度和监事会制度也并不是完全对立的，两种制度在不同国家都有过成功的经验，但同时都具有一定的局限性。因此，近年来为了更好地改善和优化公司治理结构，国际上在公司治理的内部监控制度安排上出现了一定程度的融合趋势，如美国在安然公司事件后颁布了《萨班斯—奥克斯利会计标准法案》(*Sarbanes – Oxley Accounting Standards Act*)，要求上市公司董事会审计委员会的成员必须是独立的，强化了其监督控制职权，并使审计委员会享有广泛的财务稽核权、内部及风险管理制度的检查权，在董事会内部将其下属审计专业委员会发展成为类似于我国监事会的专门、常设的监督机构。与此同时，其他一些国家如日本也开始借鉴英美等国的独立董事制度来优化其上市股份制公司的监事会制度。

因此，在优化中国商业银行公司治理结构关系中，在进行相关内部监控制度设计和安排时，要特别注意安排和处理好独立董事制度与监事会制度在监督定位、职能边界划分等方面的关系问题，要充分利用两种制度的优势，既要借鉴国际先进的公司治理实践经验，也要充分考虑中国商业银行现实情况与实际需要，根据我国当前法律基础、制度惯例、社会观念等各方面因素，对独立董事制度与监事会制度之间的监督权限配置、职能定位作出相对明确的界定和划分，否则就会造成制度实际运转中的混乱，影响监事会制度的有效性。

但需要强调的是，中国商业银行独立董事制度和监事会制度既有共同点，又有一定的互补性，但是两者存在着本质上的差异，在形式、职能定位等都存在明显的差异性，不能简单地画等号加以互相替代。

第一，需要明确两种制度的权力行使主体。中国商业银行的独立董事制度是依附于商业银行董事会制度的，独立董事作用的发挥主要体现在董事会决策过程中的科学性和独立性上，其职能是为董事会制度服务的，并不是独立的监督权限行使主体，而监事会制度是与董事会制度平行的制度安排，只对股东大会和其他利益相关者负责，监事会与董事会是平行关系、互相独立、互不隶属，不受董事会和经营管理层的约束，是具备权力制衡与约束控制职能的独立的监控权限行使主体。

第二，需要明确两种制度所代表的利益主体。独立董事不是独立的利益主体代表。在中国商业银行公司治理体系中，如上文指出的，在监事会制度安排中不仅要代表控股股东的利益，而且是中小股东、广大存款债权人和银行职工等其他利益相关者的代表。

第三，需要明确两种制度履职的对象。中国商业银行控股股东的特殊性、特殊的人员任命机制，以及商业银行内部人控制问题的特殊性，独立董事作为董事会的内部牵制力量，其履职监督对象是在董事会内部，是为了保持董事会领导决策独立性而服务的，是为了提高董事会决策的专业性与科学性；监事会则是独立于董事会的监督制衡与约束控制机构，其履职对象是董事会整体与经营管理层，重点内容是对董事会决策权力的监督与制衡，防止董事会制度权力的扩大、弱化或与经营管理层勾结，防止经营管理层内部人问题严重化，防止损害股东和其他利益者的行为。

第四，需要明确两种制度履职的具体内容。独立董事制度和监事会制度履职对象与重点的不同决定了两者的履职方式和内容也不同：独立董事作为董事会的重要组成人员，是其独立性保证的必要部分，具体参与银行重大决策的全过程，包括决策前的酝酿、讨论和表决等各个环节，因此独立董事行使职能的重点侧重于对董事会和经营管理层履职行为的科学合理性和效益性进行监督，充分发挥其独立性，提高商业银行战略决策、长远发展等方面的专业水平，提高银行经营决策的科学合理性，促进银行经营效益的不断提高；监事会履职是权力制衡与约束的必要前提，负责具体组织实施对银行决策、经营情况的检查与监督，因此监事会制度是对董事会和经营管理层履职行为的合法合规性、正当性与效益性的监督控制，避免董事会决策和经营管理活动出现重大违法违规行为及损害全体股东、存款人与其他相关者的利益。当董事会和经营管理层发生违规违法行为，监事会负有采取措施予以制止、纠正并追究责任的职责。

第五，需要明确两种制度履职的方式。两种制度履职的方式也是不同的，独立董事主要通过参加董事会会议来履行职责，通常采取对具体议案的讨论和表决的方式，不具备独立的履职方式；监事会作为独立于董事会之外的常设监督控制机构，具备独立的履职方式和手段，通常设有专职监事会主席、监事和日常履职机构，在制度、机构设置与人员配置上保证了其日常监督功能的履行，强化了监督制衡与约束控制的专业性和有效性，更能客观、全面地了解商业银行董事会履职情况、经营状况，因此监事会履职方式更侧重于对董事会、行长经营管理层监督控制状况的宏观、全面、整体的把握。

7.2 中国商业银行监事会制度有效性与董事会制度

公司治理结构作为实现治理目标的一整套制度安排与机制运转，董事会制度与监事会制度是其中的核心制度基础，决定了整个公司治理架构的运转效率与效能，因此明确两种制度之间权力监督制衡与约束控制关系，对于促进董事会科学规范运作，提高监事会制度有效性，优化公司治理结构关系，都有着重要的现实意义。

7.2.1 监事会制度有效性与董事会制度

根据我国《公司法》和《服份制商业银行公司治理指引》的规定，在中国商业银行公司治理结构建立之初，所采用的双层并列组织结构形式的决策监督制衡体系，董事会制度与监事会制度的定位与作用已经被确定，即两种制度平行并列的设计与安排。董事会行使决策权，负责制定战略决策、任命和控制以行长为首的管理层，而监事会行使监督控制权，负责监督董事会和行长经营管理层。董事会与监事会在决策权、监督权与执行权三权分离、相互制衡为核心的公司治理结构中，权力范围被明确界定为决策控制中心与监督约束中心，真正独立于银行经营管理层，以确保决策权与监督权在三权制衡关系中有效贯穿于银行运行之中，使银行整体经营稳健持续发展。

监事会制度与董事会制度形式主体上的完备，却在公司治理结构实际运转过程中，暴露出两种制度之间，尤其是监督者与被监督者之间的矛盾性，这在一定程度上影响了监事会制度的有效性与董事会运转的科学规范性，造成了公司治理结构关系的扭曲，而这些问题归结为一点就是在制度设计上只注重了形式主体，而忽略了制衡制度的实质性内容，导致两种制度之间原有的行政式管理关系并无本质上的改变，相应的制衡关系远未形成。

公司治理理论与实践说明，企业公司治理结构能否有效运转，核心不在于其具备何种形式的执行主体，而是取决于真正体现结构制衡关系运作机制的有效性，而这种机制的有效运转必须具备两个前提条件：一是权利主体之间，即决策权、监督权与执行权执行主体之间是否具备清晰的权力范围、权利关系及相应的责任边界，这是三权有效制衡的前提；二是公司治理各个结构内部是否具备有效运作的组织程序与体系，即是否建立起有关责任人的科学选拔、聘用机制，有关责任人各自岗位权责关系与职责边界是否清晰等。

具体到监事会制度与董事会制度之间的职责不清晰，主要涉及三方面的内容：一是两种制度下监事会与董事会对行长经营管理层的监督控制职责规定不具体、范围不清晰，独立董事制度的出现使这一问题更加严重。二是两种制度下监事会对董事会制衡的内容与权力关系不清晰、不明确。三是两种制度下监事会与董事会沟通协调关系的内容不具体、不清楚，没有建立完善的日常沟通协调机制。

7.2.2　监事会制度、董事会制度与结构关系优化

要充分发挥监事会制度的有效性，实现真正意义上的有效制衡与约束控制，就必须在两种制度之间划出明确的职责与权力边界，这是两种制度执行主体有效运转的前提条件：一是明确职责规定。中国商业银行应在法律框架内，以章程或议事规则等形式，对监事会与董事会之间的监督制衡职责作出明确的规定，明确监督者与被监督者之间的权责，并使职责之间不重叠、不交叉；二是明确履职要求。对监事、董事的履职要求、标准，应由股东及其他利益相关者作出清晰、明确的要求；三是明确问责标准。对于董事、监事违反有关法律法规、不尽职的，应制定明确的处罚与问责标准与程序。

据此，优化公司治理结构关系，理顺董事会制度与监事会制度之间的关系，必须要明确或划清三方面的权利关系：第一，要明确两种制度下对行长经营管理层的监督控制范围与关系。董事会制度下的监督权限包括了对决策执行者的监督检查权，而监事会制度下

的监督控制职责之一也包含了对经营经理层的监督检查，这必然会涉及董事会制度和监事会制度中对经营管理层的监督权限划分与责任边界问题，本书将在下节对此进行详细论述。

第二，要明确监事会制度中对董事会监督制衡的内容与权力关系。这又涉及三个核心环节：一是对董事会决策过程的监督权力与监控内容。监事会对董事会决策过程的监督主要是通过列席董事会及其专业委员会各项会议、听取有关情况汇报、查阅有关资料等方式监督董事会决策程序的合法性、正当性，并且科学评估决策本身的风险性对各方面利益相关者实际利益的影响。二是对董事会的评价关系与监控权力。对董事会的整体评价，是一种全面的评价，主要包括对董事会规模与结构、董事个人履职行为和履职业绩三方面的评价。其中规模与结构评价主要是对各专业委员会建设与履职情况，独立董事、执行董事与股权董事比例结构情况的评价；履职行为评价主要是对董事会决策行为的评价，包括决策前调查、决策程序合法性以及决策结果科学性和风险评估等；业绩评价主要涉及股东与利益相关者财富增长、经营绩效等方面。三是对董事履职行为和业绩的监控内容与评价权力。对董事的监督与评价，主要是指对董事个人履职行为和业绩的监督与评价，是包括执行董事、股权董事与独立董事等全体董事在内的整体监督与评价，监督与评价主要着重于以下几方面：①德，主要是指董事的诚信度与责任心，包括董事在履职决策过程中的独立性、科学性以及有无不当的职业行为（如资金抵押与担保行为、资金挪用行为、关联交易行为、商业贿赂行为等）；②能，主要是指董事的调查研究能力、获取信息的能力、决策分析能力、团队合作能力等；③勤，主要是指董事是否勤勉尽责，积极参加董事会情况，是否抽出必要的时间和精力履行其职责；④绩，主要是指董事个人的调研报告、提案数量与质量、提案采纳的情况及所产生的积极效果。

第三，要明确监事会制度中与董事会沟通协调的关系与内容。这也涉及三方面内容：一是监事会与董事会之间的沟通协调。应通过制定明确具体的沟通机制与方式，如监事会列席董事会及专业委员会会议等，建立董事会与监事会之间主动汇报、沟通情况的双向机制。二是监事会与非执行董事（股权董事、独立董事）之间的沟通协调。应通过监事会与非执行董事召开联席会议、沟通会议等形式，建立监事会与非执行董事之间的沟通机制，及时沟通情况，有效防止内部人控制。三是监事会与董事会下属专业委员会之间的沟通协调。监事会与董事会下属各专业委员会的沟通机制，主要涉及银行内部财务、风险与业务经营的具体监督审计问题，两者要根据各自职责定位与权限进行监督审查，及时进行情况沟通，避免重复监督检查，共同利用监督检查结果，提高监控效率，降低监督检查成本。

7.3　中国商业银行监事会制度有效性与监控权限配置

按照新制度经济学的观点，制度设计的功能在于合理界定权利、义务及相应责任的边界，只有权利、义务及相应的责任界限清楚，才能有效提高制度运作的效率。

7.3.1　监事会制度有效性与对经营管理层的监督控制

中国商业银行公司治理结构的构建，形式上决策权与监督权制衡关系十分清晰的并列双层公司治理结构关系，在实际运转过程中却出现了治理结构的扭曲，影响了决策与监督制衡制度运转的独立性、有效性与协调性，根本原因在于两种制度执行主体监事会与董事会之间对于行长经营管理层的决策、监督权责边界划分不清，造成监督权限配置模糊、权责不对称所导致的公司治理结构的扭曲，难以形成清晰有效的决策、监督的制衡关系，一方面，董事会是商业银行决策的核心，承担着银行重要战略决策和聘用高管人员的职责，但是仅有决策职能的定位是不够的，董事会与经营管理层之间约束与被约束的委托—代理关系，要求董事会具有对决策执行者经营管理层的监督检查权，但董事会制度下的监督控制权限配置边界却是不明确的，与监事会制度间监督权限配置边界模糊，经常导致董事会对银行经营管理层的制约相对弱化，监督效果不理想；另一方面，监事会制度的监督制衡效果也差强人意，监事会工作流于形式，虽然承担着监督制衡的职责，既监督董事会，又监督行长经营管理层，但这种职能定位却缺少与之相对称的监督权限配置安排，不具备行使职能的任命和授权关系，不具备行使职能的权利和利益激励机制，这使得监事会制度处于事实上的尴尬地位，很难进行有效的监督控制。

随着2002年《上市公司治理准则》有关董事会设立审计、薪酬和提名等委员会和增加独立董事的条款规定在上市股份制商业银行的推广，监事会制度、独立监事制度以及董事会制度下的专业委员会之间的对行长经营管理层的监督功能重叠、交叉问题越来越无法回避，这种在现行并列双层结构基础之上的多种监督主体并存、监督权分散配置的制度安排，将原本内在联系紧密的内部监督控制权限分成多部分执行主体分散去执行，进一步造成了公司治理结构的扭曲，还降低了公司治理内部监督控制的效率性和有效性。作为公司治理结构的核心之一，对行长经营管理层的监督控制问题是内部监控制度的重要内容，如果这个问题处理不好或久拖不决，将会导致公司治理结构内部监督制衡权限失效的制度化或长期化。

7.3.2　监事会制度、董事会制度与监控权限配置优化

鉴于董事会制度在中国商业银行公司治理体系中的核心作用，首先明确董事会制度对行长经营管理层的监督权限配置内容与范围，清晰权限边界，有助于促进董事会和监事会尽职尽责，充分发挥各自的监督控制功能，对于防止商业银行公司治理结构继续扭曲、提高监督制衡的效率性和有效性都十分重要。

董事会制度职能定位于决策职能，这种定位就天然地包括对行长经营管理层决策执行主体的监督检查权，因此，董事会作为决策权行使主体与经营管理层之间的控制关系，要求董事会制度必须配置一定的监督控制权限，但是需要明确的是：董事会制度下的监督权限配置与监事会制度下的监督控制权限是不同的，是两种不同性质的监督，监督的目标、作用与内容也不相同，但这两种监督不是互斥的，反而是相辅相成的、互相联系的，共同构成中国商业银行公司治理结构下完整的内部监督控制体系。从本质上讲，董事会制度下监督权限的配置，是来源于董事会的决策行使权，是为决策服务的，因此，董事会对行长经营管理层的监督控制目标是决策的科学性与执行的效率性，监督权限的配置范围是针对行长经营管理层进行的监督控制。具体而言，董事会制度下的监督控制权配置内容主要包括：①对经营管理层执行董事会决策的监督；②决策执行程度与效率的监督；③决策执行进程中资源配置效率与风险状况的监督。

相对而言，监事会制度下的监督控制权限配置，则来源于三权分立、制衡约束原则下的监督控制，是公司治理结构的组成部分，监事会对行长经营管理层的监督控制目标与重点是其经营执行权行使的正当性，即董事会所决定的决策和经营管理层的执行结果会不

会对包括控股股东在内的各有关利益相关者的正当权益造成侵害和损失。因此，从利益相关者的利益角度出发，监事会制度下监督权限配置范围应当是全面性的监督控制，是针对经营管理层的财务管理、风险控制与业务经营等方面的监督控制。具体来讲，监事会制度下监督权限配置包括：①检查经营管理层贯彻执行有关法律、行政法规和规章制度的情况；②检查银行财务状况，查阅财务会计资料及与经营管理活动有关的其他资料，验证财务会计报告的真实性、合法性；③检查银行的经营效益、员工工资及福利、利润分配；④检查银行资产保值增值、贷款项目、资本结构、重大投资等情况；⑤检查经营管理层执行主体的经营行为，并对其经营管理业绩进行评价，提出奖惩、任免建议。

第8章　提高中国商业银行监事会制度有效性的对策建议

监事会制度作为中国商业银行内部监控制度的安排形式，是优化公司治理结构的核心环节，但目前中国商业银行监事会制度有效性还不高，还有很多改进和完善的空间。因此，要提高制度的有效性，必须下决心进行优化和变革，在以下几方面进行努力。

8.1　体系变革，构建以监事会制度为核心的内部监控体系

8.1.1　优化监事会规模与结构，提升监事会制度的效率性

中国商业银行应当根据资产规模、经营战略与经营环境等经营要素条件确定符合自身条件与状况的监事会规模。作为监事会制度的执行主体，规模适度、结构合理、运转高效的监事会对于制度有效性的发挥具有至关重要的作用。在现阶段，中国商业银行的特殊性，决定了监事会的人员组成结构不能局限于仅代表控股股东的利益，而要最大限度代表和体现各相关方面的利益，尤其是其他相关者的利益，同时，监事会的人员结构也要便于组织协调、高效精干，具有独立的专业判断能力，有利于监事会制度监督控制职能效率的

发挥。

监事会是一个集体决策机构，监事的专业结构与年龄结构决定了监事会整体监督控制能力和专业水平，这是制度有效性发挥的核心环节。监事会成员中要有精通银行业务经营、风险管理的高级人才，也要有熟悉政府监管、法律、财务和审计等方面的专家，以保证监事具备相应的职务素质、知识结构与工作经验。监事会作为一个需要高成熟度的执行机构，决定了其组成人员年龄需要合理配置，以具备较高经验、精力充沛的中年人为主，年富力强，开拓创新，有利于监事会制度有效性的发挥。

8.1.2 优化监事会运行机制，增强监事会制度的独立性

独立性是监事会制度有效性的前提与基础，离开了独立性就谈不上制度的实施、职能的履行，更谈不上制度有效性的发挥。监事会制度独立性的实现，需要有制度上的设计，更需要有相应的职能定位、组织、运作方式、管理等方面的机制进行保障和强化，这种机制保障性必须贯穿于商业银行公司治理结构运转的全过程之中。

一要保证监事会人员组成结构中代表其他利益相关者监事的占比，才能保证监事会制度独立于控股股东、董事会与行长经营管理层。监事会要严格控制控股股东代表的数量，大幅提高其他利益相关者、中小股东以及国家有关政府部门所构成的外部监事的比例，这些外部监事不能由银行内部人士担任，可以由机构债权人或存款人出任，而且应当具备财务、金融、经济、市场方面的专业知识，以提高监事会监控的科学性和公正性，只有这样才能为监事会的独立运转打下牢固的基础，才能对中国商业银行的经营活动、财务状况、董事会成员与经营管理层成员的行为进行全面监督制衡、约束控制。

二要保证监事选拔任免程序的独立性。监事的选拔任免必须独立于控股股东、董事会与经营管理层，这是保证监事会独立性的有效措施。应当在章程或规则中明确规定监事的选任程序，由监事会自身成立提名委员会，按统一、标准、公开的条件提名候选人，而提名委员会应由外部监事组成，从而保证了监事候选人产生的独立性。

三要明确监事会履行监督控制职责的内容与边界。监事会监督控制职责的发挥，来源于相关法律法规赋予的权力。我国目前的法律法规都赋予监事会对董事、行长经营管理层的违法违规行为和损害银行利益的监督控制权，就内部监控制度而言，必须在现有权限内容的基础上，充分发挥监事会制度履职的主动性，监事会应主动履行以下监督控制职权，包括：监督控制董事会的决策行为和行长管理层的业务经营权；代表银行起诉违法董事和管理高级人员权；审核银行财务报告并提交股东大会审议权，甚至在特殊情况下聘任和解聘董事和行长等。在明确监事会履职权限，赋予其更多的主动履职权限的同时，必须要合理、清晰地划分公司治理结构各执行主体之间即董事会、监事会与经营管理层之间的权限边界，防止监事会的监督控制对董事会决策权、经营管理层执行权的不当干涉，确保监事会的职责履行在其职责权力范围之内。如果监事会的监控权限越界，部分或全部覆盖决策权和执行权，同样会出现权力交叉、重叠的现象，造成公司治理结构的扭曲，降低治理效率，提高治理成本。这就需要监事会不能干预银行的正常决策与业务经营活动，参与董事会重大决策论证时，只有建议权没有决策权；对银行内部经营管理有建议权，但没有要求管理层执行权等。为此，必须明确规定监事会的监督控制范围和监事会主席及监事的职责，建立监事会主席与监事的产生机制和评价制度。商业银行公司治理实践说明，有效性良好的制度安排一般都在银行章程或治理规则中明确列出因由执行主体决定的事项。根据这种规律与通行做法，监事会在股东与其他利益相关者授权下，应明确其审核、知情的报告、资料、计划、项目和制度等，规范监督控制董事、经营管理层等内部人，在有效保护利益相关者权益的同时，更好地实现公司治理结构运转的最优化。

四要完善信息传导，保证监事会运行的透明性。在公司治理结构各执行主体之间建立清晰的信息传导路线与机制，有利于保证各组成结构运行的透明性与有序运转，这种传导应当是多向的，具体到监事会制度来说，一方面是银行内部各方面运营状况与董事会的运行对监事会透明，也就是要及时向监事会提供详尽的履职所需的各项信息，使其能对决策的科学性与正当性以及银行的战略发展与整体情况有一个全面深入的了解，同时对银行经营与所面临的风险有一个深入的把握，以便于监事会进行有效的监督与控制；另一方面是监事会对董事会、经营管理层、银行职工、社会公众、利益相关者的透明。这种多向信息传导的形成有利于银行公司治理结构的整体优化与持续稳定发展。

五要妥善处理关系，增强监事会运行的协调性。监事会制度作为公司治理结构制度安排之一，其有效性不仅取决于其执行主体的效率，而且还受到其他执行主体的影响和制约。因此，必须要协调好监事会与其他各方面的关系，增强其协调性。一是要协调好与独立董事的关系。在当前法律条件下，处理好与独立董事的关系，具有必要性。首先需要明确把握两者的职能定位，监事会作为银行公司治理结构的约束执行主体，是银行内部监督控制主体，不仅监督控制董事、行长经营管理层的个人职务行为，而且也包括对独立董事进行的监督与控制，而独立董事是董事会内部的自我监督，它可以对董事会和经理人起到内部制衡与参谋作用。其次要明确把握两者的监督内容边界，避免权责不清、相互重合或冲突。监事会与独立董事监督内容并不相同，监事会的监控标准与内容主要针对银行经营的合法性和正当性，而独立董事则主要从客观公正的角度评估银行经营的效率，协助审查董事会决策的科学性与可行性，以充分提高银行经营绩效为目标。因此监事会与独立董事之间可以相互补充，但并不相同。二是要协调处理好与董事会的关系。在明确两者监督制衡与被监督制衡关系的基础上，处理好监事会与董事会审计委员会的沟通协调，这对于明确两者的职权范围，履行职责起着十分重要的作用。三是要协调处理好与经营管理层的关系。监事会不干涉不参与经营管理层的具体经营与执行，但作为银行治理结构的监督控制主体，行长经营管理层应就银行业务经营风险与财务状况向监事会进行汇报和沟通。

六要提高监事的综合素质与业务能力，增强监事会运行的专业性。要有效提高监事的综合素质和业务能力，首先要严把监事的任职资格关，严格按照有关任职资格条件来选配监事，杜绝荣誉性任职、养老性任职、不善经营管理易位性任职的现象；其次要通过各种形式的学习和培训，不断提高监事的业务能力和政策水平，使他们掌握投资、会计、审计和法律等方面的知识，熟悉银行运行程序和规章制度。

8.1.3　优化激励与约束机制，增强监事的胜任能力

现代企业管理理论说明，制度执行效率的高低，企业经营状态的好坏，关键在于是否具备一套有效的激励约束机制，以利于充分发挥个人的能力与作用，努力地为企业工作，在最大化地为企业谋利、执行制度的同时，又可以将个人的行为限制在符合企业利益、制度需要的范围之内，达到激励与约束相容的双重效果。因此，要增强监事会制度的有效性，根据激励有效、约束严明的要求，建立、

完善和强化利于制度执行的激励与约束机制，实现制度的权责协调。

有效的激励机制，首先要在监事报酬与银行绩效之间形成良性互动关系，提高监事履行职责的积极性。监事的激励水平要与业绩相结合，表现突出的监事，可以提高薪酬或给予丰厚的奖励，甚至可以给予一定的期权激励、连任下届监事等。其次需要对监事建立长期化的激励机制。监事的薪酬除了直接与银行绩效挂钩，还应在监事的薪酬中加入股票或期权的比例，这样可以促使监事从银行长期发展着眼，监督控制董事等内部人的行为与银行经营风险，与银行发展形成相一致的长期利益。

健全责任约束机制，激励要与约束相匹配，对监事的约束要有来自于监事会内部的监督约束机制，也要有来自外部的监督约束力量。首先要通过建立科学有效的产生机制与评价制度定期对监事会主席与监事进行考核，引导和督促其尽职履行责任。监事会内部要建立包括主席在内的各位监事履职档案，根据统一、公开的标准详细记录监事的履职情况，如出席会议、会上发言、调查研究和参与检查等情况。按照事先订立的标准与制度，聘请银行外部咨询公司对监事会主席和各监事履职情况进行评价，并将结论进行公示。其次要从法律上明确监事的责任与义务，不仅是对监事的义务作出原则性的规定，而且需要对监事的法律约束，对义务判断标准、责任追究制度明确作出规定，增强可操作性。对于因监事怠于行使职权、渎职而给股东和其他利益相关者造成的损失，监事应当承担个人责任以及与董事、行长等的连带法律责任。

8.2 机制完善，强化监事会制度执行主体的机制建设

完善机制建设，是提高监事会制度履职能力的有效手段，应着

重构建和完善监事会进行全面监督控制的运转机制。

8.2.1　完善信息获取机制

及时、全面、真实地掌握信息，是监事会有效监督控制董事会决策正当性，有效保护股东与利益相关者利益的前提。为此，除日常的列席董事会、行长经营管理层会议以及调阅相关文件、资料外，还应建立和完善监事会履职信息收集和获取机制，主要包括：一是直接质询机制，监事会可以就银行财务状况、重要业务决策、董事或行长执行职务时的行为以及其他可能对银行整体利益和股东、其他相关者利益产生重大影响的事项等，向有关董事、经营管理层人员直接进行质询。二是协助审查机制，监事会必要时可以委托会计师事务所或其他社会中介机构对银行财务或业务决策进行审查。三是沟通机制，监事会为了及时获取反馈意见和建议，可以根据实际需要，建立除股东大会以外可以与各类股东、职工及其他利益相关者之间直接进行及时沟通的机制。

8.2.2　改进决策影响机制

监事会制度要实现有效保护除控股股东外的中小股东以及其他利益相关者权益的目标，就必须要参与到董事会的具体决策制定过程中去，通过建立切实可行的决策影响机制，监督制衡董事会决策的正当性：一是通过参加、列席董事会及其专业委员会的会议，建立意见表达机制；二是通过公司章程赋予监事会对董事会特定决策进行否决的机制，这种否决权主要是当出现董事会的行为有可能会使银行发生显著损害的危险时行使；三是通过公司章程赋予监事会直接可以召集临时股东大会的机制。

8.2.3 构建绩效评价机制

在公开和透明的基础上，根据标准和统一的评价程序，监事会应当建立对董事会和经营管理层的评价机制。在年度股东大会前，监事会应就董事会与行长经营管理层的决策与执行情况向股东提供监督工作报告草案，并在股东大会上接受股东质询，其他利益相关者可以通过其代表进行监事的质询，并作出令人信服的答复。监事会的工作报告应及时公开披露，为监管机构、外部监控市场评价、对比与分析各家商业银行公司治理状况提供基础。

8.3 环境建设，改善监事会制度有效运转的外部环境

要提高中国商业银行内部监督控制的有效性，除了监事会制度的完善以外，离不开优化公司治理结构的良好外部环境，离不开其他制度的协调配合。

8.3.1 继续股权结构改革，进一步完善中国商业银行的产权结构

只有继续完善中国商业银行的产权结构才能从根本上优化我国银行业的公司治理，从而为监事会制度在公司治理中监督控制作用的有效发挥提供坚实的基础。中国商业银行股权结构改革的核心就是真正实现银行股权结构的多元化，通过股权结构的改革创新逐步降低国有股比例、引入战略投资者、机构投资者，增加吸收个人、企业法人以及国内外先进银行参股，形成相对集中、适度分散的股

权结构。通过股权结构的完善，使各类持股人有足够的积极性与动力参与中国商业银行的公司治理，推动治理结构优化，较好地实现银行财产权和经营权的分离，以形成有一定刚性约束的资本经营机制，从而有效规范公司治理结构各类制度执行主体的行为，为监事会制度有效性的发挥提供坚实的基础。

8.3.2　改善外部市场环境，充分发挥外部监控市场的促进作用

中国商业银行公司治理结构的优化，监事会制度有效性的充分发挥，在很大程度上依赖于外部公司治理环境的建设。因此，必须加快我国竞争性市场建设，提高外部环境治理效率，注意培养和发挥外部约束控制权市场机制的发育程度，应重点注意以下几个方面：一是大力发展产品市场。产品市场是建立和发展发达的市场经济的物质基础，也是包括商业银行在内的金融行业、金融市场建立和快速发展的必要前提；二是大力发展资本市场。发达健全的资本市场为中国商业银行扩大经营规模，充实资本金提供了渠道，也为调整股权结构，实现银行资本结构多元化提供了有效渠道，同时资本市场价格信号作用也反映了中国银行业的经营绩效，通过资本市场的优化资源配置功能与替代效应对商业银行公司治理产生外部压力，促使银行加快优化公司治理结构的步伐；三是放开和发展控制权市场。加大中国银行业的开放程度，放开控制权市场，通过鼓励兼并收购，建立商业银行的退出机制，增加商业银行经营竞争压力来促进银行加强公司治理，提高绩效，优化结构；四是培养和发展金融人才市场。银行监事人员市场是中国金融人才市场的一部分，是在此基础上培育和发展起来的，只有金融人员市场得到发展，才能使优秀的金融人才脱颖而出，也为潜在的监事人员发挥才能提供了机

会，并且通过监事人员之间的有效竞争，对现任监事人员产生正向积极的压力。

8.3.3 完善相关法律法规，改善法治环境，有效提高监督效率

现阶段涉及中国商业银行监事会制度的法律法规主要有《中华人民共和国公司法》、《中华人民共和国商业银行法》和《股份制商业银行公司治理指引》，这些法律法规对监事会制度进行了初步的规范，但是随着中国商业银行体系股份制改造与上市以及其公司治理结构的不断优化，原有法律法规中立法冲突、概念混乱、职权交叉、监督权力难以落实等弊端已经暴露出来，并且在一定程度上造成了中国商业银行公司治理结构的扭曲，影响了监事会制度有效性的发挥。因此，当前有必要在一些方面对相关法律法规进行修改和完善，进一步细化对监事会制度的规定，以增强其有效性。可以考虑从以下几方面着手：

第一，强化和落实监事会制度的监督权力与职能。具体而言，为保障中国商业银行监事会制度的有效性，重塑其监督控制权力行使中心的地位，必须赋予其执行职能时的职权。一是知情权，即监事会有了解和掌握银行财务状况与业务经营情况的权力。要制定具体的规章制度来确保监事会的知情权，包括会议制度、文件和资料送阅制度、财务报表报送制度、监事会咨询回应制度等。为此银行的文件和资料、财务报表都应报送监事会批阅，监事会有权随时检查或调查银行业务、财务状况，有权查阅账簿文件，并可要求董事、行长等内部人进行报告。在银行董事会、经营管理层不按规定履行其义务时，监事会有权强制性调阅、调查银行文件资料与经营情况，并追究董事、行长等相关人员的法律责任。二是代表权，即为了有

效保护股东与利益相关者的权益，在特殊情况下，监事会可以代替董事会行使银行的代表权。如当银行与董事之间发生纠纷时，有权代表银行与董事进行交涉；当董事、行长经营层行为违法或侵害其他相关者利益时，有权代表银行进行起诉，追究有关董事和行长经营管理层的法律责任。三是财务报告与重大业务决策的审核权。即为了防止利益相关者的权益受到侵犯，银行重大投资贷款项目评估报告和财务报告编制后应由监事会先进行审核，再提交股东大会审批通过。监事会认为必要时也可以聘请中介机构对有关资料和报告进行审核或评估。四是内部稽核审计机构的领导权。应将内部稽核审计机构置于监事会领导之下，这有利于监事会掌握银行财务与业务经营活动的信息，又能提高内部审计的权威性与独立性。

第二，要明确和强化对监事会的问责体系。我国现有法律规章虽然对监事会法律责任作出过一定的原则性的规定，但由于缺乏程序性规定，或缺少适用性，而难以操作。从中国商业银行公司治理实践来分析，监事会的违法行为主要是对于行使监督控制职能的不作为。因此，在有关立法内容完善时，重点要明确监事会制度中对于监事行使职能不作为的法律责任，为此要为监事会主席和监事的履职行为建立档案，特别记录监事个人尽职、工作能力等方面的信息，并向股东、监管部门与其他利益相关者进行提供以备查询评价等。

参考文献

中文文献

[1]《巴塞尔银行监管委员会文献汇编》，北京，中国金融出版社，2002。

[2] 蔡传里：《我国上市公司内部监控机制的现实选择及优化》，载《河北经贸大学学报》，2006（3）。

[3] 蔡卫星、高明华：《金融危机背景下银行业公司治理的反思与启示》，载《上海金融》，2010（7）。

[4] 曹廷求：《公司治理理论面临的三大挑战》，载《山西大学学报》，2003（5）。

[5] 曹艳芝：《我国上市公司内部监督机制：反思与重构》，载《社会科学家》，2005（2）。

[6] 曹宗平：《独立董事与监事会的缺失、矛盾及其整合》，载《经济学家》，2004（2）。

[7] 陈桂华：《论我国上市公司内部监督机制模式的选择》，载《甘肃政法学院学报》，2009（3）。

[8] 陈丽蓉：《基于审计视角的国有企业监事会效率研究——来自中国证券市场的经验证据》，中国会计学会高等工科院校分会2008年学术年会暨中央在鄂集团企业财务管理研讨会，2008。

[9] 陈林先：《现代股份有限公司监事和监事会制度的基本理

论探讨》，载《贵州商专学报》，2001（3）。

［10］程爱民：《从公司治理结构的缺陷看我国上市商业银行引入独立董事制度的必要性》，载《南方论刊》，2010（4）。

［11］丁春贵：《基于利益相关者治理的公司监事会制度研究》，载《安徽大学学报》，2007（3）。

［12］丁忠明：《中国国家控股商业银行董事会治理》，北京，经济科学出版社，2010。

［13］窦洪权：《法人治理中的权力边界明晰化：论国有重点金融机构监事会职责》，载《金融研究》，2003（3）。

［14］窦洪权：《银行公司治理分析》，北京，中信出版社，2005。

［15］杜鹏：《公司监事会独立性的制度价值》，载《中国经贸导刊》，2009（16）。

［16］董梅生：《董事会和监事会薪酬差距与公司治理结构关系研究》，载《安徽工业大学学报》，2010（1）。

［17］高雷、宋顺平：《董事会、监事会与代理成本——基于上市公司2002—2005年面板数据的经验证据》，载《经济管理与研究》，2007（10）。

［18］高明华、刘金铃：《独立董事和监事会的职权冲突与制度选择》，载《中国社会科学院研究生院学报》，2006（11）。

［19］葛蓉蓉：《中国股份制商业银行公司治理的有效性》，北京，中国金融出版社，2007。

［20］巩师恩：《我国上市商业银行公司治理绩效的实证研究》，载《海南金融》，2009（12）。

［21］郝云宏、任国良：《监事会特征对上市公司高管变更影响的实证研究》，载《财经论丛》，2010（4）。

［22］何孝星：《关于独立董事制度与监事会制度的优劣比较及

其制度安排》，载《经济学动态》，2001（8）。

［23］洪正，《商业银行公司治理特殊性研究》，北京，中国金融出版社，2010。

［24］胡铭：《我国上市公司监事会与经营绩效的实证分析》，载《吉林省经济管理干部学院学报》，2001（6）。

［25］黄孝山：《关于我国上市公司治理结构模式的探讨——以上市公司董事会和监事会监督功能的视角》，载《生产力研究》，2009（11）。

［26］姜宝军：《利益相关者董事会、外部监事会——国有商业银行公司治理的现实选择》，载《西北工业大学学报》，2006（3）。

［27］蒋大兴：《独立董事：在传统框架中行动——超越公司治理结构改革的异向思维（上）》，载《法学评论》，2003（2）。

［28］蒋大兴：《独立董事：在传统框架中行动——超越公司治理结构改革的异向思维（下）》，载《法学评论》，2003（3）。

［29］蒋满霖：《国有银行治理结构的缺陷分析及完善》，载《审计与经济研究》，2004（9）。

［30］蒋松桂、蒋峦：《监事会治理初探——基于中国上市公司的实证分析》，载《生产力研究》，2006（12）。

［31］赖磊、张婕：《我国上市公司治理评价体系的建立》，载《北方经贸》，2003（5）。

［32］李军：《国有控股商业银行公司治理评价研究》，载《财务与会计》，2010（2）。

［33］李克成：《中国石油监事会的运作与体会》，载《管理世界》，2004（9）。

［34］李明辉：《对完善上市公司监事财务监督制度的思考》，载《审计研究》，2004（4）。

［35］李爽、吴溪：《盈余管理、审计意见与监事会态度——评

监事会在我国公司治理中的作用》，载《审计研究》，2003（1）。

［36］李维安、曹廷安：《商业银行公司治理——基于商业银行特殊性的研究》，载《南开学报》，2005（1）。

［37］李维安、曹廷求：《商业银行公司治理：理论模式与我国的选择》，载《南开学报》，2003（1）。

［38］李维安、郝臣：《中国上市公司监事会治理评价研究》，载《上海财经大学学报》，2006（3）。

［39］李维安、王世权：《中国上市公司监事会治理绩效评价与实证研究》，载《南开管理评论》，2005（1）。

［40］李维安、王守志、王世权：《大股东股权竞争与监事会治理——基于中国上市公司的实证分析》，载《经济社会体制比较》，2006（3）。

［41］李维安、张亚双：《如何构造适合国情的公司治理监督机制——论我国监事会的功能定位》，载《财经科学》，2002（2）。

［42］李献平：《商业银行公司治理测度研究》，载《特区经济》，2010（5）。

［43］李兴智：《中国股份制商业银行公司治理实证研究》，载《河南金融管理干部学院学报》，2006（5）。

［44］李耀：《我国上市公司监事会制度研究》，载《财经研究》，2002（4）。

［45］梁洪学：《完善监事会对公司控制权监督功能的对策选择》，载《当代经济研究》，2009（10）。

［46］廖岷：《国际金融危机中银行公司治理的主要问题及启示》，载《国际金融研究》，2010（5）。

［47］林旋、刘方：《我国上市商业银行公司治理结构与银行绩效实证分析》，载《时代金融》，2010（6）。

［48］刘剑民：《我国上市公司监事会与独立董事职能定位》，

载《财会通讯》，2007（5）。

［49］刘银国：《基于博弈分析的上市公司监事会研究》，载《管理世界》，2004（6）。

［50］刘长翠：《公司股东委托代理监督机制：监事审计的广角透视与思考》，载《审计研究》，2002（4）。

［51］马施、李毓萍：《监事会特征与信息披露质量——来自深交所的经验证据》，载《东北师大学报》，2009（6）。

［52］钱颖一：《中国公司治理结构改革和融资改革》，北京，中国经济出版社，1995。

［53］青木昌彦、钱颖一：《转轨经济中的公司治理结构》，北京，中国经济出版社，1995。

［54］邵东亚：《公司治理的机制与绩效》，载《管理世界》，2003（12）。

［55］石水平、林斌：《上市公司监事会特征及其经营绩效实证分析》，载《贵州财经学院学报》，2007（4）。

［56］司伟：《公司监督机制的制度契合》，载《财贸研究》，2002（4）。

［57］孙国钢：《如何加强农村合作银行监事会建设》，载《市场周刊》，2009（4）。

［58］孙敬水：《我国实施独立董事制度的困惑》，载《数量经济技术经济研究》，2002（11）。

［59］陶军卫：《我国监事会制度所导致的公司治理“缺环”》，载《企业导报》，2010（5）。

［60］唐东晖：《上市公司监事会制度困境的理性分析》，载《岳阳职业技术学院学报》，2004（3）。

［61］唐双宁：《上市银行需“神”“形”兼备》，载《中华工商时报》，2006－11－27。

［62］王立彦、王婧、刘军霞：《内部监控双轨制与公司财务信息质量保障——从案例解析看监事会制度和独立董事制度孰为有效》，载《审计研究》，2002（6）。

［63］王丽敏、王世权：《中国民营上市公司监事会治理评价及实证分析》，载《经济问题探索》，2007（11）。

［64］王世权：《德国监事会制度的源流考察及其创新发展》，载《证券市场导报》，2007（6）。

［65］王世权、李维安：《监事会治理理论的研究脉络及进展》，载《产业经济评论》，2009（8）。

［66］王世权、刘金岩：《控制权市场、独立董事制度与监事会治理——基于比较制度分析的视角》，载《山西财经大学学报》，2007（4）。

［67］王淑慧、童宁：《我国上市公司监事会治理评价实证研究》，载《河北大学学报》，2009（4）。

［68］王廷科、张旭阳：《商业银行的治理结构及其改革问题研究》，载《财贸经济》，2002（1）。

［69］王学强：《完善我国国有商业银行监事会制度的思考》，载《国际金融研究》，2008（3）。

［70］汪贤星：《商业银行公司治理引入外部监事的制度经济学分析》，载《上海经济研究》，2006（6）。

［71］王莹：《中国上市商业银行：基于公司治理结构的比较分析》，载《武汉金融》，2008（1）。

［72］吴金龙：《日本公司监事审计制度及其借鉴》，载《外国经济与管理》，1999（3）。

［73］吴艳芳：《独立董事与监事会择其一的制度借鉴》，载《财会月刊》，2006（8）。

［74］吴艳芳：《我国上市公司上位监事会的构想》，载《管理

现代化》，2007（3）。

[75] 武汉市城市金融学会课题组：《国有商业银行公司治理结构的特殊性及其改革》，载《金融论坛》，2004（3）。

[76] 武青：《提升股份制商业银行监事会的监督水平》，载《中国金融》，2007（22）。

[77] 夏秋、黄荣冬：《商业银行公司治理的特殊性及其政策含义》，载《经济社会体制比较》，2005（2）。

[78] 向敏：《论商业银行监督权配置与监事会制度的完善》，载《湖南医科大学学报》，2006（4）。

[79] 徐利飞：《上市公司监事会现状分析及对策研究》，载《财会通讯》，2010（9）。

[80] 徐振东：《论在银行公司治理中实现三权有效制衡》，载《国际金融研究》，2003（9）。

[81] 阎庆民：《银行业公司治理与外部监管》，载《金融研究》，2005（9）。

[82] 杨大楷、王惟德：《试述完善国有商业银行董事会与监事会制度》，载《哈尔滨金融高等专科学校学报》，2004（4）。

[83] 姚伟峰：《监事会建设与效率》，载《南京社会科学》，2010（7）。

[84] 叶生洪、王成慧：《我国实行独立董事制度的四大制度性障碍》，载《广东商学院学报》，2002（3）。

[85] 叶晓玲、党文娟：《独立董事制度与监事会制度对比分析》，载《经营与管理》，2007（2）。

[86] 尹涛、夏亚非：《德、日公司监事会制度比较》，载《特区经济》，2006（6）。

[87]《银监会官员：上市银行治理仍需不断完善》，载《中国证券报》，2007-06-06。

［88］袁萍、刘士余、高峰：《关于中国上市公司董事会、监事会与公司业绩的研究》，载《金融研究》，2006（6）。

［89］袁宜：《商业银行的公司治理特殊与治理安排》，北京，社会科学文献出版社，2008。

［90］詹向阳：《大型国有银行的公司治理改革》，载《中国金融》，2010（14）。

［91］曾康霖、高宇辉：《中国转型期商业银行公司治理研究》，北京，中国金融出版社，2006。

［92］张维迎：《从公司治理结构看中国国有企业改革》，载《经济研究》，1996（9）。

［93］张云：《银行监事制度：债权人治理新机制》，载《财会通讯》，2009（24）。

［94］张云智：《完善我国公司监事会制度的法律思考》，载《经营管理者》，2010（8）。

［95］张振兴：《我国大型商业银行公司治理改革评价和问题剖析》，载《投资研究》，2009（7）。

［96］章志平：《上市公司监事会规模分析》，载《财会通讯》，2010（9）。

［97］赵昌文、杨记军、夏秋：《中国转型期商业银行的公司治理与绩效研究》，载《中国金融》，2009（7）。

［98］赵桂铃：《国有改制企业中内部审计与监事会的关系分析》，载《现代经济信息》，2010（17）。

［99］赵勇：《商业银行法人治理研究》，北京，中国金融出版社，2010。

［100］郑海航、戚聿东、吴冬梅：《对完善国有独资公司董事会监事会关系探讨》，载《经济与管理研究》，2008（1）。

［101］郑华梅：《监事会监督模式的转变对改善企业经营管理的

启示》，载《中国总会计师》，2010（6）。

[102] 郑华梅：《监事会监督模式的转变》，载《企业管理》，2010（8）。

[103] 郑先炳：《西方商业银行最新发展趋势》，北京，中国金融出版社，2001。

[104] 郑志刚、范建军：《国有商业银行公司治理机制的有效性评估》，载《金融研究》，2007（6）。

[105] 中国证券业协会监事会课题组：《完善我国证券公司监事会制度》，载《中国金融》，2006（12）。

[106] 朱广财：《博弈论视角下我国监事会制度有效性分析》，载《经营管理者》，2010（3）。

[107] 朱宏春：《国有股份制商业银行内部管理体制改革的思考：基于公司治理结构的视角》，载《南方金融》，2010（1）。

[108] 朱明秀：《完善我国公司治理结构的更改选择——规范监事会制度》，载《经济与管理》，2004（6）。

[109] 朱明秀：《完善我国公司治理结构的理性选择——规范监事会制度》，载《经济与管理》，2004（6）。

[110] 邹亚明、陆畅：《论完善我国国有控股商业银行监事会制度》，载《济南金融》，2005（6）。

外文文献

[1] Benny Simon, "Corporate Governance on Indonesian Banks", Nanyang Techological University PHD. Thesis, 2001.

[2] Blair Margrat M., "Ownership and Control: Rethinking Corporate Governance for the Twenty – First Century", The Brookings Institution Press, 1995.

[3] Bonin John & Hasan Iftekhar & Wachtel Paul, "Bank performance, efficiency and ownership in transitition countries", BOFIT Discussion Papers 7/2004, Bank of Finland, Institute for Economies in Transition, 2004.

[4] Caprio Laeven & Levine, "Corporate Governance and Bank Valuation", World Bank Working Paper, 2003.

[5] Dahya, Karbhar & Xiao, "The Supervisory Board in Chinese Listed Companies: Problems, Causes, Consequences and Remedies", Asia Pacific Business Review, Vol. 9, No. 2, 2002.

[6] Demise Nobuyuk, "Business Ethics and Corporate Governance in Japan", Business & Society, Vol. 44, No. 2, 2002.

[7] Jensen M. C. & Meckling W. H., "The theory and the Firm Managerial Behavior Agency Costs and Ownership Structure", Journal of Financial, October 1976.

[8] Jonathan Macey & Maureen O'Hara, "The Corporate Governance of Banks", Economic Policy Review, Vol. 9, No. 1, April 2003.

[9] K. Alexander & R. Duhmale, "Enhancing Corporate Governance for Financial Institution: the Role of International Standards", University of Cambridge Working Paper, 2001.

[10] La Porta, Rafael, Florencio Lopez - de - silanes, and A. Shleifer, "Corporate Ownership Around the World", Journal of Finance, 54, 1999.

[11] La Porta, Rafael, Florencio Lopez - de - silanes, and A. Shleifer, "Investor Protection and Corporate Governance", Journal of Financial Economics, 58, 2000.

[12] La Porta, Rafael, Florencio Lopez - de - silanes, and A. Shleifer, "Government Ownership of Commercial Banks", Journal of Finance, 57, 2002.

[13] Lehmann Theodor, "DieNachgründung im system derAktieng-

esellschaft", Grei – fswald J Abel, 1904.

[14] Macey, Jonathan and Maureen O' Hara, "The corporate governance of banks", FRBNY Economic Policy Review, Vol. 10, 2001.

[15] Margaret M. Blair, "Ownership and Control: Rethinking Corporate Governance for the Twenty – First Century", The Brookings Institution, 1995.

[16] Renaud Achilles, "Das Rechtder Actieng esellschaften, Leipzig", 1875.

[17] Schumacher Hermannn, "Die Entwicklung der Inneren Organisation der Sktiengesell schaft in deutschen Recht", bis zum ADHGB, 1937.

[18] Simon, P and W infried, "Hiding Behind the flag? Prospects for Change in German Corporate", Governance, European Management journal, Vol. 18, No. 4, 2001.

[19] Todd Mitton, "A Cross – Firm Analysis of the Impact of Corporate Governance on the East Asian Financial Crisis", Brigham Young University Working Paper, 2001.

[20] W. Anderson & L. Campbell, "Corporate Governance of Japanese Banks", University of Missouri Working Paper, 2000.

[21] WANG Shi – quan, LIU Jin – yan, "The Market for Controlling Rights , Independent Directors System and Supervisory Board Governance: A New View Based on Comparative Institutional Analysis", Proceedings of 2006 International Conference on Management Science & Engineering, 736 – 742, 2006.

[22] Wiethlter Rudol, "Interessenund Organisation der Aktiengesellschaft im amerikanis – chen und deutschen Recht", Karlsruhe: Müller, 1961.

致　谢

进入商业银行工作以来，不知不觉之间，已经十几年了，对金融业的理解也由最初的点滴切身感受积累发展到对系统理论研究的渴望，正是这种渴望点燃了我的追梦之火。

自2008年攻读金融学专业博士生后，终于有幸进入中国人民大学的学术殿堂，得以一窥现代金融学之博大。老师们渊博的学识、深入潜出的讲解、丰富的文献资料每每给我以求知恨晚的感觉，尤其是我的导师任淮秀教授，老师以其深厚的理论功底，独到的学术见解，精辟的深刻分析引导我充分体会到了在学术海洋中钻研探索的乐趣。任老师不仅在学业上给予我极大的帮助，而且对我人生发展中遇到的困难和问题，每次都及时进行提醒和劝慰，这些都让我感动不已，难以忘怀。可以讲，我在校期间取得的每一点进步都凝聚着任淮秀老师的心血与智慧，对老师的感激之情，寥寥数语，难以言尽，唯有日后继续奋进，方能报答老师教导之情。

特别感谢我的领导刘自强监事长，您在工作和思想上的指导与帮助使我终生获益，奠定了我继续学习深造的基础；您的爱护、体谅和照顾，使我能够集中精力与时间，完成学业、按时撰写论文。

感谢我的同门师弟与同学好友们，你们的热情诚恳、广博的知识与活跃的思想，让我重新体会到了已经忘却多年的学校生活与同窗之谊，你们对我的关心与帮助，让我备感温暖。

感谢王元龙教授，您的鼓励与指导，给予我很大的帮助。感谢研究生教务科姬冰老师，您不辞辛苦、不嫌琐碎为我们做好各项细致的教务工作。

最后感谢我的家人，没有你们默默的付出与家务的分担，难以想象我能够再次进入学校，开启一段新的学习之旅。感谢我活泼可爱的女儿哈哈，你的存在是我信心与勇气的源泉，也是我疲惫心境中最好的安慰剂。

马承宇

2013 年 5 月